Michaela Christine Hastetter / Sergii Bortnyk (Hg.)

Mosaik der Ökumene

FORUM ÖKUMENE

Herausgegeben von der PRO ORIENTE Kommission junger orthodoxer und katholischer Theologinnen und Theologen

Band 2

Mosaik der Ökumene

Rezeptionsimpulse zum orthodox-katholischen Dialog

Herausgegeben von
Michaela Christine Hastetter und
Sergii Bortnyk

FREIBURG · BASEL · WIEN

www.herder.de

Umschlaggestaltung: Verlag Herder
Satz: Barbara Herrmann, Freiburg im Breisgau
Herstellung: CPI books GmbH, Leck
Printed in Germany

ISBN Print 978-3-451-38364-9
ISBN E-Book (PDF) 978-3-451-83364-9

Inhalt

Beiträge

Anhang

Vorwort

Ich begrüße die PRO ORIENTE-Publikation über den bedeutenden Beitrag offizieller und inoffizieller Dialoge zwischen der römisch-katholischen Kirche und der orthodoxen Kirche, die der Annäherung von Christen des Westens und des Ostens dienen. Wie wir alle wissen, wurde „Dialog" nicht nur ein Schlüsselwort in der Theologie des 20. Jahrhunderts, sondern auch eine neue „Lebensart", die Jahrhunderte der Entfremdung und der Polemiken überwunden hat. Seit Anfang des 20. Jahrhunderts hat die Kirche von Konstantinopel – das Ökumenische Patriarchat – eine Reihe von ökumenischen Initiativen ergriffen. Diese basieren auf den bekannten Enzykliken von 1902, 1904 und 1920, die auf die Einheit aller Christen in der Gemeinschaft des Glaubens und der Sakramente hinzielten.

Eine Schlüsselfigur für die konkrete Durchführung dieser Initiativen war der Ökumenische Patriarch Athenagoras (1948–1972). Nicht nur hatte er großes Interesse an der Verbesserung der Einheit der orthodoxen Kirche auf panorthodoxer Ebene, er trug auch wesentlich zur Wiederbelebung der Beziehungen zwischen den orthodoxen Kirchen und dem Rest der christlichen Welt bei. Die panorthodoxen Konferenzen, die er auf der Insel Rhodos abhielt (1961–1964), ermutigten die orthodoxen Kirchen unter anderem zu Beziehungen mit der römisch-katholischen Kirche. Sie beschlossen, orthodoxe Beobachter zum Zweiten Vatikanischen Konzil (1962–1965) zu entsenden. Ferner empfahlen sie den Dialog mit der römisch-katholischen Kirche auf gleicher Ebene und setzten interorthodoxe Komitees ein, um einen bilateralen theologischen Dialog mit verschiedenen christlichen Kirchen und Konfessionen zu beginnen.

Auch traf Patriarch Athenagoras Papst Paul VI. auf dem Berg der Oliven in Jerusalem (5. Jänner 1964), wo sie einander den Friedenskuss gaben. Dort stellte er auf prophetische Weise fest: „Die christliche Welt lebt seit Jahrhunderten in der Nacht der Trennung. Ihre Augen sind es müde, in die Finsternis zu schauen. Möge unsere Begegnung das Morgenrot eines strahlenden und heiligen Tages werden, an dem die kommenden christlichen Generationen vom selben Kelch den kostbaren Leib und das kostbare Blut des Herrn empfangen und in Liebe, in Frieden und Einheit den einen Herrn, den Erlöser aller, loben und preisen werden." (Tomas Agapis Nr. 48)

Nach ihrem historischen Zusammensein in Jerusalem 1965 sprachen Patriarch Athenagoras und Papst Paul VI. von ihrer Verpflichtung, die orthodoxen Kirchen und die römisch-katholische Kirche auf den Pfad des gegenseitigen Verstehens, der Versöhnung und Liebe zu lenken. Sie kamen überein, „die Exkommunikationssentenzen des Jahres 1054 aus dem Gedächtnis und der Mitte der Kirche zu tilgen", die 1054 gegenseitig ausgesprochen wurden und die beide Kirchen jahrhundertelang trennten. Die Aufhebung des Anathemas zwischen den Kirchen Rom und Konstantinopel am Ende des Zweiten Vatikanischen Konzils am 7. Dezember 1965 ist von größter Bedeutung, da sie die Kirchen von Rom und Konstantinopel in jene Situation zurückversetzte, in der sie vor dem Anathema am Beginn des 11. Jahrhunderts waren: Sie stehen nicht in einem vollen Schisma, sondern eher in einem Stadium des Bruchs der Communio (akoinonesia), zurückzuführen auf historische Ereignisse und theologische Unstimmigkeiten, die geklärt und überwunden werden müssen durch theologischen Dialog, um heute die volle kirchliche Communio wiederherzustellen.

Aus diesem Grund stellten Papst Johannes Paul II. und der Ökumenische Patriarch Demetrios bei der Begegnung im Ökumenischen Patriarchat am 30. November 1979 in ihrer gemeinsamen Erklärung fest, dass der theologische Dialog nicht nur die Wiederherstellung der vollen Communio zwischen den beiden Schwesterkirchen, der römisch-katholischen und der orthodoxen, zum Ziel habe, sondern auch die Einheit der weltweiten Christenheit.

Dieser entscheidende bilaterale Dialog zwischen den beiden Kirchen war sorgfältig geplant worden – von einer speziellen Vorbereitungskommission, die am Orthodoxen Zentrum des Ökumenischen Patriarchats in Chambesy – Genf (Schweiz) in den Jahren 1977 und 1978 zusammentraf. Seit ihrer ersten Plenarsitzung 1980 auf Patmos hielt die internationale gemeinsame Kommission bis heute 14 Plenarversammlungen ab und publizierte sechs gemeinsame Statements: „Das Geheimnis der Kirche und der Eucharistie im Licht des Geheimnisses der Heiligen Dreifaltigkeit“ (München 1982), „Glaube, Sakrament und Einheit der Kirche“ (Bari 1987), „Das Weihesakrament in der sakramentalen Struktur der Kirche, insbesondere die Bedeutung der apostolischen Sukzession für die Heiligung und Einheit des Volkes Gottes“ (Valamo 1988), „Der Uniatismus – eine überholte Missionsmethode – und die derzeitige Suche nach der vollen Gemeinschaft“ (Balamand 1993), „Kirchliche und kanonische Konsequenzen der sakramentalen Natur der Kirche: Kirchliche Communio, Konziliarität und Autorität“ (Ravenna 2007), „Synodalität und Primat im ersten Jahrtausend. Auf dem Weg zu einem gemeinsamen Verständnis im Dienste der Einheit der Kirche“ (Chieti 2016).

Neben diesem offiziellen bilateralen theologischen Dialog zwischen der römisch-katholischen und der orthodoxen Kirche, der von ihren jeweiligen Kirchen offiziell ernannte Delegierte zusammenführte und die erwähnten äußerst wichtigen Dokumente beschloss, wurde eine beträchtliche Arbeit auch auf regionaler und inoffizieller Ebene geleistet, wo Theolog(inn)en sich in einem weniger formellen Rahmen trafen, um theologische Fragen zu diskutieren, die nach wie vor der Wiederherstellung der Communio im Wege stehen. Das Ziel der vorliegenden Publikation besteht exakt darin, den Beitrag dieser regionalen und inoffiziellen Dialoge darzustellen. Zu ihnen zählen die Nordamerikanische Konsultation, der regionale Dialog in Frankreich und Deutschland, der akademische Dialog des St.-Irenäus-Arbeitskreises und viele andere.

Die besagte Publikation schenkt, verdienterweise, ihre besondere Aufmerksamkeit dem liturgischen und spirituellen Aspekt dieses Dialogs, seitdem das Zweite Vatikanische Konzil in seinem Ökumenismus-Dekret „Unitatis Redintegratio“ (1964) feststellte: „Es darf ebenfalls nicht unerwähnt bleiben, dass die Kirchen des Orients von Anfang an einen Schatz besitzen, aus dem die Kirche des Abendlandes in den Dingen der Liturgie, in ihrer geistlichen Tradition und in der rechtlichen Ordnung vielfach geschöpft hat.“ Und weiter: „Deshalb ermahnt das Heilige Konzil alle, besonders diejenigen, die sich um die so erwünschte Wiederherstellung der vollen Gemeinschaft zwischen den orientalischen Kirchen und der katholischen Kirche bemühen wollen, dass sie diese besonderen Umstände der Entstehung und des Wachstums der Kirchen des Orients sowie die Art der vor der Trennung zwischen ihnen und dem Römischen Stuhl bestehenden Beziehungen gebührend berücksichtigen und sich über dies alles ein rechtes Urteil bilden. Die genaue Beachtung dieser Frage wird zu dem beabsichtigten Dialog im höchsten Maße beitragen.“ (UR 14)

Als Co-Präsident der „Gemeinsamen Internationalen Kommission für den theologischen Dialog zwischen der Römisch-Katholischen Kirche und der Orthodoxen Kirche“ hoffe ich ernstlich, dass die vorliegende Publikation Christen und Menschen guten Willens dabei helfen wird, mehr über diese bemerkenswerten Beiträge zu jenem entscheidenden Dialog unserer Zeit zu erfahren. Zur Wiederherstellung der Communio zwischen unseren zwei Schwesterkirchen, die von vielen Gläubigen so sehr erwartet wird.

Bischof Job von Telmessos
Ständiger Vertreter des Ökumenischen Patriarchats
beim Weltkirchenrat
Co-Präsident der „Gemeinsamen Internationalen Kommission
für den theologischen Dialog zwischen der Römisch-
Katholischen Kirche und der Orthodoxen Kirche“

Einleitung

Die Ökumene lebt vom Dialog. Während auf offizieller Ebene die Internationale Gemischte Kommission für den theologischen Dialog zwischen der orthodoxen Kirche und der römisch-katholischen Kirche immer wieder von sich reden machte und damit auch im öffentlichen Bewusstsein der Kirchen und der Gesellschaft präsent ist, sind viele regionale und inoffizielle Dialoge weitgehend unbekannt geblieben. Manche von ihnen haben zudem bewusst auf Außenwirkung verzichtet, andere waren regional begrenzt, sodass sie nur eingeschränkt Einfluss hatten. So herrscht bis heute im Allgemeinen (Expertenkreise sind davon ausgenommen) wenig Kenntnis darüber, welche bilateralen regionalen Dialoge überhaupt zwischen der orthodoxen und der katholischen Kirche geführt wurden und bis heute geführt werden, welche Ergebnisse jene Dialogkommissionen erzielt haben und inwieweit diese Früchte für den offiziellen Dialog zwischen der katholischen und der orthodoxen Kirche bedeutsam geworden sind – als Schritte zur sichtbaren Einheit der Christen.

Diese Fragen regten die PRO ORIENTE-Kommission Junger Orthodoxer und Katholischer Theologinnen und Theologen bei ihrer vierten Sitzung im Stift Geras im Jahr 2015 an, regionale Dialoge zwischen der orthodoxen und der katholischen Kirche frei gewählt zu erfassen und einer breiteren ökumenisch interessierten Öffentlichkeit in deutscher Sprache zugänglich zu machen. Denn jeder Dialog lebt von seiner Rezeption. Der bedeutende rumänisch-orthodoxe Theologe und Ökumeniker Ioan Bria hat in einem Aufsatz zur Rezeption von Dialogergebnissen das Wesen der Rezeption in einen größeren kirchlichen Zusammenhang gestellt.[1] Rezeption sei in diesem generelleren Sinne nicht nur eine kirchliche Methode, mit der die Wiederherstellung ihrer Tradition legitimiert werde. Rezeption sei vielmehr der Prozess, mit dem die Kirche den Glauben in seiner geschichtlichen Dynamik erneuere. In einem Rezeptionsprozess werde der Glaube sozusagen in einer neuen geschichtlichen Epoche aktualisiert, ohne mit den Banden des apostolischen Glaubens zu brechen. Bria geht sogar so weit, diesen Rezeptionsprozess als das „Gewissen der Kirche“[2] (conscience de l’église) zu bezeichnen. Von da aus könnte man die Rezeption der orthodox-katholischen Dialoge als das Gewissen der Ökumene und aller ökumenischen Arbeit hin zur eucharistischen Einheit der Christen betrachten.

Mit der Frage nach der Rezeption der Ergebnisse regionaler Dialogkommissionen stellt sich freilich eine zweite grundsätzliche Frage: Welchen Stellenwert haben überhaupt Dialogkommissionen – sei es auf offizieller, sei es auf inoffizieller Ebene? Das eigentliche Organ der Kirche, welches Entscheidungen fällt, die für die ganze Kirche bindend sind, sind seit altkirchlicher Zeit Konzile und Synoden. Sie sind der Ort, an dem bis heute die Bischöfe der ganzen Kirche oder einer Region zusammenkommen und über Fragen der Lehre wie auch der kirchlichen Praxis entscheiden. Wo aber sind dann Dialogkommissionen einzuordnen? Sehen wir uns dazu zunächst mögliche Zusammensetzungen solcher Kommissionen an. Während die offizielle Dialogkommission aus Delegierten (zu-

---

1 Vgl. hierzu und im Folgenden Bria, Ioan, La „Réception“ des Résultats des Dialogues, in: Démètre Theraios u. a. (Hg.), Les Dialogues Oecuméniques hier et aujourd’hui (Les Études Theologiques de Chambésy 5), Chambésy 1985, 286–293, hier 287.

2 Bria, Réception (wie Anm. 1), 287 (Eigenübersetzung).

meist Bischöfen) der katholischen und der orthodoxen Kirche besteht, die zusätzliche theologische Berater mitnehmen oder entsenden können, lebt der inoffizielle oder regionale Dialog zuallererst von persönlichem Engagement und theologischer Fachkenntnis, überdies von kirchlicher Gesinnung und natürlich der Sehnsucht nach der Einheit der Christen. Freilich kann auch in regionalen Dialogen, so sie auf der Ebene der Bischofskonferenzen geschehen, eine Beauftragung oder Entsendung durch die Kirche vorliegen. Zur spezifischen Aufgabenbestimmung von Dialogkommissionen hat Ernst Christoph Suttner eine hilfreiche Klärung vorgenommen.[3] Zunächst hält er fest, dass Dialogkommissionen weder die Einheit der Kirchen herbeiführen könnten noch eine Art Kompromissausschüsse seien. Die Einheit der Kirche sei immer gottgeschenkt und nicht die Frucht menschlichen Handelns: „Von einer Dialogkommission kann sie nur entdeckt, aber nicht durch Verabredungen herbeigeführt werden."[4] Aufgabe und Pflicht von Dialogkommissionen sei es vielmehr zu prüfen, ob die Voraussetzungen für die von Gott geschenkte Kircheneinheit bereits gegeben seien, die durch Streitigkeiten noch verdeckt sein könnten. Daher unterscheidet Suttner bei Dialogkommissionen, die den „Dialog der Wahrheit" vorantreiben, zwei unterschiedliche Aufträge, nämlich einen geistlichen, der bei ihm an erster Stelle steht, und einen forschungsmäßigen. Unter dieser ersten geistlichen Pflicht steht laut Suttner das Ausschauhalten nach Gnadengaben, die den beiden dialogführenden Kirchen geschenkt werden. Die Suche nach solchen Gnadengaben ist

---

[3] Vgl. hierzu und im Folgenden Suttner, Ernst Christoph, Die Christenheit aus Ost und West auf der Suche nach dem sichtbaren Ausdruck für ihre Einheit (Das östliche Christentum 48), Würzburg 1999, 272–275.

[4] Suttner, Christenheit Ost West (wie Anm. 3), 272.

für ihn eine „wahrhaft theologische Aufgabe, denn recht verstandene Theologie ist nicht einfach forschendes Suchen, sondern mit lobpreisendem Dank an Gott verbundenes Nachdenken über sein Heilswerk“[5]. Die zweite Pflicht des Dialogs betrifft den eigentlichen Forschungsauftrag, der Kommissionen anvertraut ist. Hier geht es darum, sich mit jenen Streitigkeiten auseinanderzusetzen, die zur Spaltung geführt haben, und „deren Gewicht zu prüfen“[6] – das der verliehenen Gaben und das der kirchentrennenden Unzulänglichkeiten –, um so die Schritte zu ihrer Überwindung vorzubereiten. Die Ergebnisse der Dialogkommissionen müssten dann den Kirchenleitungen vorgelegt werden. Wird von der Kommission festgestellt, dass das Trennende nur „geschichtliche Verwicklungen“[7] waren, die Einheit aber von Gott her besteht, können die Kirchen nach Suttner das Schisma für beendet erklären. Im gegenteiligen Fall wäre der negative Bescheid ebenfalls kundzugeben. Die feierliche Aufhebung des Schismas sei freilich nicht mehr die Aufgabe der Kommission, da sie, nicht wie Konzilien, Entscheidungsvollmacht besitze. Damit hat Suttner den theologischen Ort von Dialogkommissionen bestimmt: Sie sind lediglich ein Beratungsorgan zur Vorbereitung der Entscheidung der beiden Kirchen. Ist die Einheit der Kirchen wiederhergestellt, endet auch die Arbeit einer Kommission.

Auffällig ist nun, dass solche Dialogkommissionen vor allem in der zweiten Hälfte des 20. Jahrhunderts während und nach dem Zweiten Vatikanischen Konzil aufkamen. Sie waren gleichsam Frucht der bereits vor dem Konzil einsetzenden ökumenischen Bewegung, für die im Bereich des katholisch-ortho-

5 Suttner, Christenheit Ost West (wie Anm. 3), 273.
6 Suttner, Christenheit Ost West (wie Anm. 3), 273.
7 Suttner, Christenheit Ost West (wie Anm. 3), 273.

doxen Dialogs exemplarisch die beiden großen Kirchenoberhäupter Paul VI. und Athenagoras I. standen. Nach ihrer Begegnung in Jerusalem auf dem Ölberg, wo sich beide am 5. Januar 1964 als Pilger nach einer beinahe tausendjährigen Eiszeit den Bruderkuss gaben, kam Bewegung in das „Auf-einander-zu" der römisch-katholischen und den orthodoxen Kirchen. Diese Bewegung dauert bis heute an, wovon neben der Etablierung des offiziellen Dialogs der Einsatz einer Vielzahl von regionalen und inoffiziellen Dialogkommissionen zeugt. Eine Auswahl wird in diesem Band als ökumenische Zusammenschau erstmals einer größeren ökumenisch interessierten Öffentlichkeit vorgestellt werden. Denn wie der offizielle Dialog leben auch die vielen kleineren regionalen und inoffiziellen Dialoge von ihrer Rezeption. Auf die Beschäftigung mit den vielfältigen regionalen oder inoffiziellen Dialogen und der Erfahrung in der eigenen Dialogkommission hin wurde 2016 von der PRO ORIENTE-Kommission Junger Orthodoxer und Katholischer Theologinnen und Theologen ein Merkblatt für einen gelingenden Dialog verfasst, welches die Anforderungen an das Gelingen des ökumenischen Dialogs in 15 Punkten kompakt darstellt. Ein spiritueller Impuls zur Zukunft der Ökumene rundet den Band ab.

Die Herausgeber:
Michaela C. Hastetter/Sergii Bortnyk

Beiträge

PRO ORIENTE – Dialog mit den Ostkirchen seit 1964

Regina Augustin

Die Stiftung PRO ORIENTE zählt weltweit zu den vorrangigen Institutionen im kirchlichen Ost-West-Dialog. Seit nunmehr 50 Jahren sind die Verantwortlichen von PRO ORIENTE in ständigem Kontakt mit den orthodoxen Kirchen bzw. den orientalisch-orthodoxen Kirchen, sowohl auf institutioneller als auch auf wissenschaftlicher Ebene. Diese Kombination trägt maßgeblich zum Erfolg von PRO ORIENTE bei.

1. Historische Hintergründe

Die Gründungsgeschichte von PRO ORIENTE[1] steht in engem Zusammenhang mit dem Wirken des damaligen Wiener Erzbischofs, Kardinal Franz König. Die Anfänge von PRO ORIENTE sind jedoch unmittelbar mit der Zeitschrift WORT UND WAHRHEIT verbunden, die von 1946 bis 1973 regelmäßig rschien. Diese vom Verlag Herder veröffentlichte Monatszeitschrift wurde von Msgr. Otto Mauer (Domprediger und Kunstkenner) und Karl Strobl (Priester und Gründer der Hochschulgemeinden) 1946 ins Leben gerufen. Als Mitherausgeber fungierten Otto Schulmeister (Chefredakteur der Tageszeitung „Die Presse") und Anton Böhm (Chefredakteur der Wochenzeitung „Rheinischer Merkur"). Der Anspruch war,

[1] Vgl. Marte, Johann/Prokschi, Rudolf: Denkwerkstatt PRO ORIENTE. Erfolgsgeschichte eines Ost-West-Dialogs (1964–2014), PRO ORIENTE 38, Innsbruck 2014.

eine zeitgemäße Darlegung der katholischen Kirche und Theologie einer breiten Leserschaft zugänglich zu machen. Am Beginn der 1960er Jahre wurde jedoch vom Verlag die Beendigung dieser Monatszeitschrift angestrebt. Die Zeitschrift rechnete sich nicht mehr. Die Mitglieder des Herausgeberkreises waren aufmerksame Beobachter der Entwicklungen des II. Vatikanums. Böhm schlug daher vor, die Zeitschrift als Sprachrohr des ökumenischen Anliegens zu nutzen. Zu diesem Zweck sollte eine Stiftung kirchlichen Rechts gegründet werden. Hierfür konnte auch Theophil Herder-Dorneich wieder begeistert werden.[2] Da der Wiener Erzbischof Kardinal Franz König als prokonziliar galt und für seine emotionale Nähe zu Ost- und Südosteuropa bekannt war, stimmte er dem Vorschlag zu. Unter seiner Patronanz wurde die Stiftung PRO ORIENTE am 4. November 1964 in Wien gegründet. Die historische Nähe zu orthodoxen Ländern und die Neutralität Österreichs sprachen und sprechen für den Standort Wien.

Schulmeister betonte in seinem Beitrag in PRO ORIENTE Band 1[3] anlässlich des zehnjährigen Bestehens des Ökumenismus, dass zwei Artikel aus der Monatszeitschrift „Wort und Wahrheit“ für die Idee PRO ORIENTE Pate gestanden hätten:

- C.-J. Dumont, Der Osten und Rom. Die Schwierigkeiten einer kirchlichen Wiederbegegnung, in: Wort und Wahrheit 1964/II, 524–535.
- Kardinal Franz König, Pastoral und Ökumenisch. Die zentralen theologischen Themen des Zweiten Vatikanischen Konzils, in: Wort und Wahrheit 1964/II, 493–503.

---

[2] Vgl. Schulmeister, Otto: Wie es zu „PRO ORIENTE“ kam – Zur Idee und Gründung des Stiftungsfonds, in: PRO ORIENTE (Hg.), PRO ORIENTE 1, Innsbruck 1975, 20–24.

[3] Schulmeister, Wie es zu „PRO ORIENTE“ kam, in: PRO ORIENTE 1, 22.

Wichtig für den erfolgreichen Beginn von PRO ORIENTE war die Unterstützung durch Persönlichkeiten aus Politik und Gesellschaft, wie den Gründungspräsidenten Heinrich Drimmel (früherer Unterrichtsminister, Vizebürgermeister von Wien), Franz Fetzer (Generalsekretär der Industriellenvereinigung), Adolf Bayer (Generaldirektor Böhler AG). Das unermüdliche Engagement des ersten Generalsekretärs der Stiftung PRO ORIENTE, Dkfm. Alfred Stirnemann, trug dazu bei, dass PRO ORIENTE weit über Europa hinaus Bekanntheit erlangte. Msgr. Otto Mauer prägte als theologischer Promotor die Anfangsjahre der Stiftung.

Die Kombination aus Fachleuten und interessierten Persönlichkeiten erwies sich als erfolgreich. International anerkannte Fachleute, Personen des öffentlichen Lebens, Politiker, die für ein neutrales Österreich und eine europäische Zukunft standen, waren Teil der Keimzelle eines bis heute lebendigen Ost-West-Dialoges.

Im Juni 1965 nahm man die akademische Arbeit – im Sinne des zentralen Auftrags von PRO OIRENTE – mit einem ersten Ökumenischen Symposion in Wien auf. Kardinal Johannes Willebrands vom heutigen Päpstlichen Rat zur Förderung der Einheit der Christen und Metropolit Meliton von Helioupolis und Theira vom Ökumenischen Patriarchat in Konstantinopel brachten in öffentlichen Vorträgen ihre Erwartungen an die Arbeit von PRO ORIENTE zum Ausdruck.[4] Auf diesen Auftakt folgte ein erstes Round-Table-Gespräch mit hochkarätigen Teilnehmenden aus den orthodoxen Kirchen und der katho-

---

[4] Metropolit Meliton von Helioupolis: Hoffnung und Erwartungen der Orthodoxie gegenüber Rom, in: Piffl-Perčević, Theodor/Stirnemann, Alfred (Hg.), Ökumenische Hoffnung. Neun PRO ORIENTE-Symposien 1965–1970 (PRO ORIENTE 7), Innsbruck 1984, 15–30. Das Referat von Bischof Jan Willebrands ist leider nicht mehr erhalten, der Inhalt kann Medienberichten entnommen werden.

lischen Kirche. Die Vernetzung mit den offiziellen „Ökumeneabteilungen“ der Kirchen war von Anfang an ein zentrales Anliegen. Die offiziöse Zustimmung der Kirchen zur Arbeit von PRO ORIENTE machte es möglich, dass die Ergebnisse effizient in den ökumenisch-wissenschaftlichen Kreislauf eingespeist wurden. Dies förderte insbesondere in den 70er Jahren den inoffiziellen Dialog zwischen der orthodoxen Kirche und der katholischen Kirche.

Heute ruht PRO ORIENTE auf zwei Säulen: der Stiftung PRO ORIENTE und dem Verein PRO ORIENTE – Gesellschaft zur Erforschung der ökumenischen Beziehungen. In Salzburg, Graz und Linz wurden Mitte der 80er Jahre von den Ortsbischöfen Sektionen errichtet um den ökumenischen Gedanken von PRO ORIENTE mitzutragen.

Die Leitung der Stiftung obliegt dem Präsidenten, von 2000 bis 2017 hatte der Jurist und Diplomat Johann Marte dieses Ehrenamt inne, sein Nachfolger ist Dr. Alfons M. Kloss, Botschafter am Heiligen Stuhl. Unterstützt wird der Präsident in seiner Tätigkeit vom Vorstand und von einer Generalsekretärin. Die Leitung des Vereins liegt in den Händen eines auf vier Jahre gewählten Obmannes, durch Wiederwahl weiterhin in den bewährten Händen des Wiener Theologen Rudolf Prokschi. Auch er arbeitet eng mit dem ebenfalls gewählten Vereinsvorstand und den MitarbeiterInnen des Generalsekretariates zusammen.

Neben diesen leitenden Gremien sind das Kuratorium, die KonsultorInnen und die Mitglieder der vier Kommissionen wesentlich für die Arbeit von PRO ORIENTE. Insbesondere die KonsultorInnen und die Mitglieder der Kommissionen sind für die inhaltliche Ausrichtung und die Schwerpunktsetzung von PRO ORIENTE mitverantwortlich.

PRO ORIENTE hat derzeit drei Arbeitsschwerpunkte: Dialog mit der Orthodoxie, Dialog mit den orientalisch-orthodoxen

Kirchen, Aufarbeitung der Geschichte Südosteuropas. Die vier ständigen Kommissionen sind: Kommission für südosteuropäische Geschichte (1996), Forum Syriacum (2006), Kommission Junger Orthodoxer und Katholischer TheologInnen (2011) und Commission for Ecumenical Encounter between the Oriental Orthodox Churches and the Catholic Church (2015). In diesem Beitrag kann jedoch nur der Arbeitsschwerpunkt „Dialog mit der Orthodoxie" berücksichtigt werden.

2. Vorbemerkung

Eine Auswertung und Analyse des wissenschaftlichen Ertrags der Arbeit von PRO ORIENTE wird durch die Tatsache erschwert, dass insbesondere die frühen PRO ORIENTE-Publikationen Sammelbände verschiedener Vorträge, Symposien und Veranstaltungen sind. Die PRO ORIENTE-Tyrolia-Reihe bietet einen reichhaltigen Fundus an theologisch wertvollen Beiträgen, aber leider folgen sie keiner einsichtigen Logik. Viele der 40 Bände sind als Jahrbücher zu verstehen. Erst ab Ende der 80er Jahre wurden spezifische Konferenzbände herausgegeben. Die PRO ORIENTE-Jahrbücher, die von 2007 bis 2014 herausgegeben wurden, stellen eine weitere Fundgrube ökumenisch-theologischen Denkens dar, sie enthalten wertvolle Aufsätze von renommierten Fachleuten aus den Bereichen Theologie, Geschichte, Orientalistik und Nahostforschung. Die PRO ORIENTE-Bände dokumentieren auch verschiedene Jubiläen und Festakte, die immer wieder eine Evaluierung des Ost-West-Dialogs vornehmen.

Durch die von Generalsekretär Stirnemann intensiv betriebene Reisediplomatie, die Delegationsreisen und insbesondere die Studienreisen und Exkursionen des Kuratoriums unter der Leitung des jeweiligen Vorsitzenden bzw. der Komitees der

Sektionen konnten über die Jahre hinweg stabile und tragfähige Beziehungen zu wissenschaftlichen Einrichtungen und Kirchenverantwortlichen aufgebaut werden. Ein weiterer nicht zu unterschätzender Aspekt dieser Reisen ist die Verbreitung der PRO ORIENTE-Publikationen und somit des ökumenisch wissenschaftlichen Knowhows, das für die Zukunft des Dialogs mit den Ostkirchen von großer Bedeutung ist.

3. PRO ORIENTE im Dialog mit der Orthodoxie – Erträge

Der Anfang der Arbeit von PRO ORIENTE war geprägt von Vorträgen katholischer und orthodoxer Theologen, welche die neugewonnene ökumenische Offenheit der 1960er Jahre nutzten. Viele prominente VertreterInnen der Kirchen, u. a. Metropolit Athenagoras von Thyateira, Metropolit Meliton von Heliopolis und Theira, Metropolit Nicolae von Transsylvanien, Bischof Jan Willebrands, Pierre Duprey PA, Emmanuel Lanne OSB, Professorin Erika Weinzierl und Professor Eugen Biser, sprachen damals über aktuelle Entwicklungen und versuchten, Perspektiven für die Zukunft aufzuzeigen. Später wurde immer wieder explizit über einheitsförderliche und -hinderliche Faktoren bei Konferenzen, Tagungen und Symposien beraten.

Im Bereich des orthodox-katholischen Dialogs von PRO ORIENTE lassen sich m. E. drei Themenkomplexe zusammenfassen: Ekklesiologie, Patristik, Anthropologie; darüber hinaus ist die katholisch-orthodoxe Arbeit PRO ORIENTEs davon geprägt, dass aktuelle Ereignisse, z. B. die politische Wende von 1989 oder die Herausgabe einer Klarstellung des Päpstlichen Rats zur Förderung der Einheit der Christen zum Filioque, aufgegriffen und in bilateralen bzw. multilateralen theologischen Konferenzen, Symposien und Tagungen bzw. neu eingesetzten

Kommissionen reflektiert wurden bzw. nach wie vor werden. Seit 2011 arbeitet erstmals eine Kommission an den katholisch-orthodoxen Dialogthemen, die Kommission Junger Orthodoxer und Katholischer TheologInnen.

3.1 Themenkomplex Ekklesiologie

Viele Vorträge in den 1960er und 1970er Jahren befassten sich mit dem weiten Themenspektrum der Ekklesiologie[5]. Hier ist zu beachten, dass alle Vortragenden, unabhängig von ihrer konfessionellen Zugehörigkeit, mit den ökumenischen Positionen des II. Vatikanischen Konzils besonders vertraut waren. Durchgängig wird deutlich, dass die Referierenden entweder einen systematischen oder kanonischen Zugang wählten. Immer wieder wurde die Frage nach der Stellung des Bischofs von Rom als „primus inter pares" in der Gesamtkirche als Kernproblem aufgeworfen. Die Verbindung der beiden Themen Ekklesiologie und Primat ist bis heute signifikant für den katholisch-orthodoxen Dialog, wobei eine Analyse der Vorträge und Symposien dieser Jahre lohnenswert wäre. Historische Aspekte der Ekklesiologie wurden erst im Laufe der Jahre aufgegriffen. Die Vorträge und Diskussionen waren immer wieder geprägt von selbstkritischen Fragen in Bezug auf die eigene konfessionelle Theologie und Tradition. Ein weiteres Kennzeichen dieser theologischen Auseinandersetzungen war der Versuch, ein exklusivistisches Denken auszuschließen.

---

[5] Siehe u. a. zwei Symposien: Konzil und Unfehlbarkeit, in: Piffl-Perčević, Theodor/Stirnemann, Alfred (Hg.), Ökumene, Konzil, Unfehlbarkeit (PRO ORIENTE 4), Wien/Innsbruck 1979, 11f. Die eine Kirche und die vielen Kirchen, in: Piffl-Perčević/Stirnemann (Hg.), Ökumene, Konzil, Unfehlbarkeit, 91f.

Z. B. geht aus vielen veröffentlichten Beiträgen hervor, dass sowohl die orthodoxe Kirche als auch die katholische Kirche den Anspruch erheben, „die eine, heilige, katholische und apostolische Kirche“ gemäß dem Glaubensbekenntnis in ihrer Tradition bewahrt zu haben. Metropolit Damaskinos (Papandreou) formulierte dazu: „Beide Kirchen vertreten die Ansicht, die eine, heilige, katholische und apostolische Kirche fortzusetzen, ohne dabei ausschließend zu sein.“[6] Viele weitere Belege für ein selbstkritisches theologisches Denken ließen sich finden.

Die Kombination einer klaren Theologie und des nötigen diplomatischen Feingefühls war ein Erfolgsgeheimnis der Anfangsjahre. Eine deutliche Darstellung der jeweiligen ekklesiologischen Position förderte eine konstruktive Arbeitsweise, denn auf dieser Basis konnten Perspektiven bzw. Lösungen für Hindernisse, die bis dahin als nicht überwindbar galten, erarbeitet werden.

Der überwiegende Teil der katholischen Referate und Artikel bis 1975 versuchte, eine konkrete Zusammenschau der Konstitution Lumen Gentium (LG) und des Dekretes Unitatis Redintegratio (UR) zu erstellen. Andere Vortragende gingen hingegen auf die pastorale Ebene ein, die vor neuen ökumenischen Herausforderungen stand.

Eine besondere Rolle spielte das Erste Ekklesiologische Kolloquium – KOINONIA von 1974.[7] Es handelt sich dabei um ein von PRO ORIENTE gemeinsam mit dem Päpstlichen

---

6 Papandreou, Damaskinos: Überlegungen und Perspektiven für die Ökumenische Beziehung zwischen Ost und West, in: Piffl-Perčević, Theodor/Stirnemann, Alfred (Hg.), 20 Jahre Ökumenismus, (PRO ORIENTE 8), Innsbruck/Wien 1984, 157.

7 Vgl. Stiftung PRO ORIENTE (Hg.): Auf dem Weg zur Einheit des Glaubens. KOINONIA – Erstes ekklesiologisches Kolloquium zwischen orthodoxen und römisch-katholischen Theologen (PRO ORIENTE 2), Wien/Innsbruck 1976.

Sekretariat zur Förderung der Einheit der Christen (seit 1988 Päpstlicher Rat zur Förderung der Einheit der Christen) und mit dem Orthodoxen Zentrum in Chambesy organisiertes Kolloquium, welches es sich zum Ziel gesetzt hatte, die theologischen und ekklesiologischen Konsequenzen[8] der Aufhebung der Bannsprüche von 1054 im Jahr 1965 und der gegenseitigen Wiederanerkennung von Rom und Konstantinopel als Schwesterkirchen[9] zu erörtern.[10] Diese Zusammenkunft von hochrangigen orthodoxen und katholischen Theologen als Referenten, etwa John Meyendorff, Ion Bria, Emmanuel Lanne, Joseph Ratzinger, und Diskussionsteilnehmern, u. a. Gisbert Greshake, Wilhelm de Vries, sowie qualifizierten Gästen der orientalisch-orthodoxen Traditionen, z. B. Erzbischof Mesrob Krikorian, stellte aus heutiger Sicht einen wegweisenden Schritt zum Beginn des offiziellen Dialogs 1980 dar. Dieses Resümee bestätigten auch der Ökumenische Patriarch Bartholomaios und der Präsident des Päpstlichen Rats zur Förderung der Einheit der Christen, Kardinal Kurt Koch, anlässlich des 50-Jahr-Jubiläums der Stiftung PRO ORIENTE in Wien 2014.[11] Im Vorfeld der Ju-

---

[8] Vgl. Papandreou, Damaskinos: Die Idee des „Ekklesiologischen Kolloquiums", in: Stiftung PRO ORIENTE (Hg.): Auf dem Weg zur Einheit des Glaubens. KOINONIA – Erstes Ekklesiologisches Kolloquium zwischen orthodoxen und römisch-katholischen Theologen (PRO ORIENTE 2), Wien/Innsbruck 1976, 11.

[9] Vgl. Tomos Agapis 10, Brief von Patriarch Athenagoras an Papst Paul VI. und Breve Anno ineunte, Tomos Agapis 176 in: Stiftung PRO ORIENTE (Hg.): Tomos Agapis. Dokumentation zum Dialog der Liebe zwischen dem Hl. Stuhl und dem Ökumenischen Patriarchat 1958–1976 (PRO ORIENTE 2), Innsbruck 1978.

[10] Papandreou, Damaskinos: Überlegungen und Perspektiven für die Ökumenische Beziehung zwischen Ost und West, in: Piffl-Perčević, Theodor/Stirnemann, Alfred (Hg.), 20 Jahre Ökumenismus (PRO ORIENTE 8), Innsbruck/Wien 1984, 156.

[11] Vgl. Patriarch Bartholomaios I: Keine Alternative zu Dialog und Versöh-

biläumsfeierlichkeiten lud PRO ORIENTE unter der wissenschaftlichen Leitung des rumänisch-orthodoxen Wissenschaftlers Ioan Moga mit der Unterstützung der Leiterin des Generalsekretariates, Regina Augustin, zu einem „Zweiten Ekklesiologischen Kolloquium – Wesen und Grenzen der Kirche“ katholische, orthodoxe und evangelische VertreterInnen ein. In fünf Arbeitseinheiten wurde der Frage nach den Grenzen und dem Wesen der Kirche unter Berücksichtigung neuer theologischer Forschungsergebnisse nachgegangen, und es wurden jeweils Perspektiven auf dem Weg zur Einheit der Kirchen ausformuliert.[12] U. a. referierten Athanasios Kallis, Ernst Christoph Suttner, Christos Karakolis, Jörg Frey, Athanasios Vletsis, Theresia Hainthaler, Barbara Rudolph, Viorel Ionita, Jutta Koslowski, Maria Wernsmann sowie Moga und Augustin. Am Ende des Zweiten Ekklesiologischen Kolloquiums stand fest, dass die Erarbeitung eines auf der Hl. Schrift und dem patristischen Erbe basierenden Einheitsmodells dringend nötig sei, um die kirchliche Communio dauerhaft wiederherzustellen. Diese Communio der Kirchen ist unumgänglich für ein glaubhaftes christliches Zeugnis in der Welt.

Mit dem Ersten Kolloquium wird – wie schon erwähnt – der Beginn des offiziellen katholisch-orthodoxen Dialogs 1980[13] in Verbindung gebracht. Nach dem Beginn des offiziel-

---

nung, Ansprache des Ökumenischen Patriarchen Bartholomaios I, in: Stiftung PRO ORIENTE (Hg.), Jahrbuch 2014, Wien 2015, 122–125. Koch, Kurt, PRO ORIENTE – Ökumenismus der Liebe und der Wahrheit, Festrede von Kardinal Kurt Koch, in: Stiftung PRO ORIENTE (Hg.), Jahrbuch 2014, 130–135.

[12] Moga, Ioan/Augustin, Regina (Hg.): Wesen und Grenzen der Kirche. Beiträge des Zweiten Ekklesiologischen Kolloquiums (PRO ORIENTE 39), Wien 2015.

[13] Vgl. dazu Marte, Johann (Hg.): Herausforderung sichtbare Einheit. Beiträge zu den Dokumenten des katholisch-orthodoxen Dialogs (Das Östliche Christentum. Neue Folge 60), Würzburg 2014, 10–49.

len Dialogs und der Gründung der „Gemeinsamen Internationalen Kommission für den Theologischen Dialog zwischen der Römisch-Katholischen Kirche und der Orthodoxen Kirche" (1980) luden die Verantwortlichen von PRO ORIENTE Mitglieder und Verantwortliche der neu gegründeten Kommission ein, um über Methoden und Themen des katholisch-orthodoxen Dialogs zu beraten.

1983 fand anlässlich des Katholikentages ein weiteres Round-Table-Gespräch in Österreich auf Einladung von PRO ORIENTE zum Thema „Perspektiven für den Ost-West-Dialog"[14] statt. Man nutzte diese Gelegenheit ganz bewusst, um auf die ökumenische Öffnung des II. Vatikanischen Konzils und auf deren erste Früchte zu verweisen. Die Reflexion des Fortschrittes des katholisch-orthodoxen Dialogs im Bereich Ekklesiologie wurde auch bei PRO ORIENTE-Jubiläen immer wieder von den Referierenden eingefordert, u. a. bei den Festakten zu 5, 10, 15,[15] 20[16], 25[17], 30[18] und 50[19] Jahren PRO ORIENTE.

---

[14] Piffl-Perčević, Theodor/Stirnemann, Alfred (Hg.), 20 Jahre Ökumenismus, (PRO ORIENTE 8), Innsbruck/Wien 1984, 153f.

[15] Vgl. Piffl-Perčević, Theodor/Stirnemann, Alfred (Hg.), Ökumenische Hoffnung. Neun PRO ORIENTE-Symposien 1965–1970 (PRO ORIENTE 7), Innsbruck 1984, 258f.

[16] Vgl. Stirnemann, Alfred (Hg.): Am Beginn des Theologischen Dialogs (PRO ORIENTE 10), Wien/Innsbruck 1987, 15f.

[17] Vgl. Kirchschläger, Rudolf/Stirnemann, Alfred (Hg.): Ein Laboratorium für die Einheit. 25 Jahre PRO ORIENTE 1989 (PRO ORIENTE 13), Innsbruck 1991, 15–99.

[18] Vgl. Stirnemann, Alfred/Wilflinger, Georg (Hg.): 30 Jahre PRO ORIENTE. Festgabe für den Stifter Franz Kardinal König zum 90. Geburtstag (PRO ORIENTE 17), Wien 1995, 75f.

[19] Vgl. PRO ORIENTE – 50 Jahre im Dienste der Kircheneinheit, in: Stiftung PRO ORIENTE (Hg.), Jahrbuch 2014, 114f.

Das weite Themenfeld der Ekklesiologie wird weiterhin auf der Tagesordnung von PRO ORIENTE stehen, mit all seinen vielschichtigen Ebenen.

3.2 Patristische Tagungen

Auf Initiative des Vorsitzenden des Kuratoriums der Stiftung PRO ORIENTE, Kardinal Christoph Schönborn, wurde 2001 eine neue Tagungsreihe ins Leben gerufen. Die „Patristischen Tagungen“[20] wurden zwischen 2001 und 2005 von den Fachleuten Ysabel de Andia und Peter L. Hofrichter geleitet. 2007 übernahm Theresia Hainthaler diese Aufgabe, unterstützt wurde sie von Franz Mali. Die Idee war, auf Basis von Kirchenvätertexten den gemeinsamen europäischen Wurzeln nachzuspüren und sie gerade in einer Phase des Umbruches (nach 1989) und der Neuorientierung wieder sichtbar zu machen. Hofrichter fasste wie folgt zusammen: „Umso dringlicher ist die Rückbesinnung auf die gemeinsamen Wurzeln, auf die gemeinsamen religiösen Grundlagen der europäischen Kultur. Eine neue Wahrnehmung dessen, was Europa unverwechselbar geprägt hat, gewinnt angesichts der aktuellen Einigung im Rahmen der Europäischen Union an Dringlichkeit.“[21] Inhaltlich befasste man sich in der ersten Phase der besagten Tagungsreihe mit Christus, dem Heiligen Geist im Leben der Kirche und mit Gott als Vater und Schöpfer in den Quellen.[22] Bereits

---

[20] Vgl. www.pro-oriente.at/Patristik/ (zuletzt abgerufen am 22.08.2017).

[21] Hofrichter, Peter: Vorwort, in: de Andia, Ysabel/Hofrichter, Peter Leander (Hg.), Christus bei den Vätern. Forscher aus dem Osten und Westen Europas an den Quellen des gemeinsamen Glaubens (PRO ORIENTE 27), Innsbruck 2004, 11.

[22] Vgl. de Andia/Hofrichter, Christus bei den Vätern (wie Anm. 21); de Andia, Ysabel/Hofrichter, Peter Leander (Hg.): Der Heilige Geist im Leben der

in dieser ersten Phase lässt sich anhand der Publikationen erkennen, dass sich eine mehr oder weniger geschlossene Gruppe[23] herausbildete, die sich fortan jährlich in einem anderen europäischen Land traf, und dass der europäische Aspekt zugunsten des ökumenischen in den Hintergrund trat.

Im Rahmen der zweiten Phase beschäftigten sich die PatristikerInnen mit den „Notae Ecclesiae“.

Als markante Wende in der Tagungsreihe kann die vierte Tagung 2007 in Sibiu gedeutet werden. Hainthaler erläutert im Vorwort des vierten Tagungsbandes, dass die Arbeit der „Patristischen Tagungen“ in einer Phase begonnen habe, in welcher der offizielle Dialog zwischen der katholischen Kirche und der orthodoxen Kirche zum Erliegen gekommen war (2000). Gerade deshalb seien die Tagungen von großer Bedeutung, weil die inoffizielle akademische einheitsfördernde Forschungstätigkeit fortgesetzt würde, trotz komplexer Verhältnisse auf offizieller Ebene.[24] Die vierte Tagung fand nur wenige Monate vor der Dritten Europäischen Ökumenischen Versammlung in Sibiu statt. Dieser Aspekt wurde natürlich während der Begegnung der Fachleute thematisiert.

Kirche. Forscher aus dem Osten und Westen Europas an den Quellen des gemeinsamen Glaubens, (PRO ORIENTE 29), Innsbruck 2005; de Andia, Ysabel/ Hofrichter, Peter Leander (Hg.): Gott Vater und Schöpfer. Forscher aus dem Osten und Westen Europas an den Quellen des gemeinsamen Glaubens (PRO ORIENTE 31), Innsbruck 2007.

23 Vgl. Hainthaler, Theresia: Introduction, in: dies. u. a. (Hg.), Einheit und Katholizität der Kirche. Forschung aus dem Osten und Westen Europas an den Quellen des gemeinsamen Glaubens (PRO ORIENTE 32), Innsbruck 2009, 15; dies.: Introduction, in: dies. u. a. (Hg.): Für uns und unser Heil. Soteriologie in Ost und West. Forscher aus dem Osten und Westen Europas an den Quellen des gemeinsamen Glaubens (PRO ORIENTE 37), Innsbruck 2014, 16.

24 Hainthaler, Introduction (wie Anm. 23/1), 15–20.

Bereits im Vorfeld der fünften Patristischen Tagung (2009) stand fest, dass die Tagungsreihe nicht länger unter dem Patronat von PRO ORIENTE fortgesetzt werden würde. Kardinal Schönborn, der Initiator, hatte das Ende der Reihe angeordnet. Beweggrund dafür war u. a. der Beschluss, eine neue Kommission orthodoxer und katholischer TheologInnen ins Leben zu rufen.

Unter der Leitung von Theresia Hainthaler wurde die Forschungsarbeit jedoch fortgesetzt. PRO ORIENTE unterstützt weiterhin die Publikationsreihe im Tyrolia-Verlag. Diese Publikationen sind immer mehrsprachig und bieten eine Fülle von Informationen zu den patristischen Quellen.

Die zentrale Bedeutung patristischer Quellen für den ökumenischen Dialog ist weiterhin im Bewusstsein von PRO ORIENTE verankert. Daher wurde der 2015 initiierte PRO ORIENTE-Summer Course auch mit dem Thema „Pneumatologie in der Alten Kirche – Patristische Studien als Basis und Quelle der Ökumene" begonnen. Das Nachwuchsförderungsprojekt „Summer Course" erfreut sich bei Studierenden und JungwissenschaftlerInnen aus den orthodoxen, den orientalisch-orthodoxen, den evangelischen und den katholischen Kirchen großer Beliebtheit. Die Gespräche mit ExpertInnen im kleinen Kreis sowie die Möglichkeit der Vernetzung untereinander und das gegenseitige Kennenlernen sind neben fachlichen Inputs und Projektpräsentationen der Teilnehmenden zentrale Elemente der Veranstaltung.

3.3 Christliche Anthropologie

Von 2002 bis 2006 bearbeitete PRO ORIENTE den Themenschwerpunkt „christliche Anthropologie". Als Dialogpartner standen einander römisch-katholische und russisch-orthodoxe TheologInnen, SoziologInnen und PsychologInnen gegenüber. Die wissenschaftliche Leitung hatten der Dogmatiker Bertram Stubenrauch (München) und Priester Andrej Lorgus (Moskau) inne. Im Rahmen der Tagungsreihe sollten die christlich-theologischen Gemeinsamkeiten im Hinblick auf die Lehre vom Menschen herausgearbeitet werden. Als Quellen dienten vor allem Texte der Kirchenväter, die das russisch-orthodoxe Menschenbild in besonderer Weise prägen, wohingegen die westlichen Grundlagen häufig auch im Zusammenhang mit den Entwicklungen der Reformation zu sehen sind. Im Rahmen dieser Forschungsarbeit wurden drei Publikationen veröffentlicht, die sich mit den grundsätzlichen Fragen einer christlichen Anthropologie, der menschlichen Freiheit sowie mit dem Tod befassen.[25]

Infolge dieser Tagungen entstand die Idee, ein Handwörterbuch herauszugeben, welches einzelne anthropologische Stichwörter jeweils aus russisch-orthodoxer Sicht und römisch-katholischer Sicht erklären sollte. Im Laufe von sechs Jahren wurden schließlich 56 Stichwörter ausgewählt, diese wurden von 16 russischen AutorInnen und 28 österreichischen bzw. deutschen AutorInnen bearbeitet. Das Handwörterbuch liegt in russischer und deutscher Sprache vor, Letzteres wurde im Herder-Verlag veröffentlicht. Das „Handwörterbuch Theologische Anthropologie“[26] stellt Gemeinsamkeiten und Unter-

---

[25] Lorgus, Andrej (Hg.): Die Bedeutung der christlichen Anthropologie angesichts der heutigen gesellschaftlichen Aufgaben und Probleme, Moskau 2003; ders. (Hg.): Das Leben des Menschen angesichts des Todes, Moskau 2006; Stiftung PRO ORIENTE/Russländische Orthodoxe Universität zum Hl. Johannes dem Theologen (Hg.): Sinn und Grenzen menschlicher Freiheit, Bialystok 2007.

[26] Stubenrauch, Bertram/Lorgus, Andrej (Hg.): Handwörterbuch Theologi-

schiede dar und begründet diese. Eine Harmonisierung der Darstellungen war keineswegs angestrebt: Im Mittelpunkt stand die jeweilige konfessionelle und kulturelle Eigenart. Die kulturübergreifende und kulturverbindende Funktion dieses Buches war von den Herausgebern angestrebt. Es solle ein Beitrag für die Verständigung zwischen dem russischen und dem westeuropäischen Kulturkreis sein und somit die Völkerverständigung fördern, so die Verantwortlichen.

Kritik kam von Fachleuten anderer orthodoxer Kirchen. Neben den inhaltlichen Darstellungen bemängelten sie vor allem die einseitige Zusammenarbeit mit der russischen Orthodoxie. Die orthodoxe Kirche biete gerade im Bereich der „christlichen Anthropologie" eine unschätzbare Vielfalt, die im Rahmen der Forschungsarbeit, insbesondere im Handwörterbuch, nicht berücksichtigt worden sei. Auch wenn sich das Handwörterbuch in Russland bei AnthropologInnen, PsychologInnen und MedizinerInnen großer Beliebtheit erfreue, so könne es doch im gesamten katholisch-orthodoxen PRO ORIENTE-Dialog nur ein Mosaikstein sein, dem noch weitere angefügt werden müssten. 2016 wurde der Versuch unternommen, weitere orthodoxe und evangelische ExpertInnen in das Projekt zu integrieren. Die Tatsache, dass die anwesenden AutorInnen des Handwörterbuchs die Gelegenheit nutzten, über die veröffentlichten Texte im Detail zu diskutieren, begrenzte die angedachte Öffnung.

Die Rolle ethischer Fragen im ökumenischen Dialog wird immer wieder von Fachleuten für eine wissenschaftliche Bearbeitung vorgeschlagen, auch viele Kirchenvertreter sehen auf diesem Gebiet Handlungsbedarf. Doch die Zielsetzung scheint

---

sche Anthropologie. Römisch-katholisch/Russisch-orthodox. Eine Gegenüberstellung, Wien 2013.

ungewiss, die Vielfalt ethischer Positionen innerhalb von Konfessionsfamilien ist bereits kaum fassbar, daher ist PRO ORIENTE noch zurückhaltend und versucht einen Weg zu finden, wie dieses Thema für den katholisch-orthodoxen Dialog und den gesamten ökumenischen Dialog fruchtbringend bearbeitet werden könnte.

3.4 Die politische Wende 1989 als Herausforderung für den Ost-West-Dialog

Mit der politischen Wende in Osteuropa und Südosteuropa ab 1989 kamen neue Themen auf, die den katholisch-orthodoxen Dialog auf eine harte Belastungsprobe stellten. Die Fragen nach dem Umgang mit den wiedererstarkten katholischen Ostkirchen, insbesondere in der Ukraine und in Rumänien, trat mit Vehemenz zu Tage. Die Folge war der Abbruch der Arbeit der „Gemeinsamen Internationalen Kommission für den Theologischen Dialog zwischen der Römisch-Katholischen Kirche und der Orthodoxen Kirche“ von 2000 bis 2006. Auch wenn die Kommission in den Dokumenten von München (1982), Bari (1987) und Valamond (1988) die gemeinsamen ekklesiologischen Grundpfeiler der Kirchen herausgestellt und den „Uniatismus“ als Einheitsmodell im Dokument von Balamand (1993) aufs Schärfste verurteilte, konnte dies nicht über die jahrhundertelang schwelenden Konflikte zwischen der katholischen Kirche und der orthodoxen Kirche in den erwähnten Regionen hinwegtäuschen.

Im Zusammenhang mit dieser Unterbrechung des katholisch-orthodoxen Dialogs wurden von PRO ORIENTE auf Initiative des Theologen und Kommissionsmitglieds Ernst Christoph Suttner zwei langfristige Forschungsprojekte zu den kirchlichen Unionen von Siebenbürgen und Brest ins Lebens gerufen.

Die Forschungsarbeit zur kirchlichen Union von Siebenbürgen konnte 2016 abgeschlossen werden. Nachdem sich Prof. Suttner aus den Projekten zurückgezogen hatte, übernahmen die Historikerin Laura Stanciu und die Theologen Viorel Ionita und Nikolaus Rappert die wissenschaftliche Leitung für das Siebenbürgen-Projekt. Neben den Veröffentlichungen der Konferenzbeiträge von fünf interkonfessionellen und interdisziplinären Konferenzen in Österreich und Rumänien wurden auch zwei Sammelbände [27] – jeweils zweisprachig, in Rumänisch und Deutsch – herausgegeben, die besonders die Ereignisse Ende des 17. und Anfang des 18. Jahrhunderts detailliert analysieren. Im Mai 2016 wurde das Projekt in Wien formell abgeschlossen, in Rumänien wurde im Mai 2017 ebenfalls ein Symposion zum Ende des Forschungsprojektes abgehalten. Die ExpertInnen waren sich einig, dass es der nächste Schritt sein müsse, die Forschungsergebnisse zu verbreiten, um das nächste Level des einst formulierten Ziels einer gemeinsamen Geschichtsschreibung zu erreichen. In Bezug auf die Union von Siebenbürgen gelang das bisher nicht. Die internationale und interdisziplinäre Zusammenarbeit habe aber neben wichtigen historischen Forschungsergebnissen auch wesentlich dazu beigetragen, das ökumenische Klima zu verbessern, so Stanciu.

Gleichzeitig wurde zur Union von Brest geforscht. Auch hierzu waren ForscherInnen aus den betroffenen Kirchen eingeladen, darunter Angehörige der polnischen, griechischen und russischen Orthodoxie und der katholischen Kirche – so-

---

[27] Marte, Johann (Hg.): Die Union der Rumänen Siebenbürgens mit der Kirche von Rom. Band 1, Bukarest 2010; ders. u. a. (Hg.): Die Union der Rumänen Siebenbürgens mit der Kirche von Rom. Band 2, Bukarest 2015. Beide Bände sind auch online zugänglich: www.pro-oriente.at/Publikationen_Union_von_Siebenbuergen/ (zuletzt abgerufen am 30.09.2016).

wohl des lateinischen wie auch des byzantinischen Ritus. Das Ausscheiden von Suttner bescherte dem Projekt eine Wende, mit deren Konsequenzen in dieser Form niemand gerechnet hatte. Auch wenn der renommierte ukrainische Historiker Oleh Turij viel Zeit in die Fertigstellung des vorbereiteten zweiten Bandes investiert hatte, konnte das Forschungsprojekt zur kirchlichen Union von Brest letztlich nicht abgeschlossen werden. Eine gemeinsame Darstellung der Vorgeschichte und der Ereignisse der Jahre 1995/96 konnte jedoch 2010 veröffentlicht werden.[28] Der Band liegt in Deutsch vor und wird ins Polnische übersetzt. Die Verbreitung und Rezeption dieser Forschungsergebnisse voranzutreiben ist nun eine aktuelle Herausforderung, besonders da diese Arbeit weltweit exemplarisch für einen Versöhnungsprozess und die Überwindung historischer Hindernisse zwischen den Kirchen sein kann.

In anderer Weise wendete sich PRO ORIENTE den Herausforderungen in Ex-Jugoslawien nach der Wende zu. Mit sogenannten Irenischen Initiativen unternahm PRO ORIENTE den Versuch, auf wissenschaftlicher Ebene einen Beitrag für die Versöhnung der Völker, Ethnien und Religionsgemeinschaften zu leisten. Die 1996 eingerichtete interdisziplinäre und interreligiöse Kommission für südosteuropäische Geschichte stellte ein Novum in der Arbeit von PRO ORIENTE dar. Die Kommissionsmitglieder definieren ihre Ziele wie folgt: „Die PRO ORIENTE – Kommission für Südosteuropäische Geschichte beschäftigt sich mit den gesellschaftlichen und politischen Wirkungen des Faktors Religion in der südosteuropäischen Ge-

---

[28] Marte, Johann (Hg.): Die Brester Union. Teil I: Vorgeschichte und Ergebnisse der Jahre 1995/96, (Das östliche Christentum. Neue Folge 58), Würzburg 2010.

schichte und leistet damit einen Beitrag zu einem positiven Umgang mit der kulturellen Vielfalt und zur Aussöhnung in den gesellschaftlichen und zwischenstaatlichen Beziehungen der Region. Sie tut dies insbesondere in den Zusammenhängen von Religion, Kultur und Wirtschaft; Religion und politischer Sozialisation in Südosteuropa und Konfliktlinien und Konfliktüberwindung in Südosteuropa." (https://www.pro-oriente.at/Kommission_suedosteuropaeische_Geschichte/) Auch wenn hier nicht primär der katholisch-orthodoxe Dialog im Fokus steht, so ist diese Kommission doch als eine Frucht der Wende 1989 zu sehen.

3.5 Studientagung zum „Filioque" 1998

Wegweisende Beiträge lieferte die Studientagung zum „Filioque" 1998.[29] Beim ersten Ökumenischen Symposion von PRO ORIENTE hielt der Stifter, Kardinal König, zu dieser Frage fest: „Kein katholischer Theologe wird behaupten, daß das Glaubensbekenntnis ohne den Zusatz des ‚filioque' nicht dieselbe Lehre ausdrückt, zu der sich auch die katholische Kirche bekennt. Die meisten orthodoxen Theologen anerkennen übrigens, daß die katholische katholische (sic!) Kirche mit dem ‚filioque' denselben Lehrinhalt meint wie die orthodoxe Kirche mit dem Glaubensbekenntnis ohne das ‚filioque'."[30]

30 Jahre später wurde eine Klarstellung vom Päpstlichen Rat zur Förderung der Einheit der Christen mit dem Titel „Die griechische und die lateinische Überlieferung über den

---

[29] Stirnemann, Alfred/Wilflinger, Gerhard (Hg.): Vom Heiligen Geist. Der gemeinsame trinitarische Glaube und das Problem des Filioque (PRO ORIENTE 21), Wien 1998.

[30] König, Franz: Wien als Brücke zur Orthodoxie, in: Piffl-Perčević, Theodor/Stirnemann, Alfred (Hg.), Ökumenische Hoffnung. Neun PRO ORIENTE-Symposien 1965–1970 (PRO ORIENTE 7), Innsbruck 1984, 13.

Ausgang des Heiligen Geistes"[31] veröffentlicht. Dahinter stand ein Besuch des Ökumenischen Patriarchen Bartholomaios I. 1995 in Rom. Man ging der Frage nach, ob es möglich sei, eine gemeinsame (orthodox-katholische) Aussage zum „Filioque" und seiner Einführung in der lateinischen Kirche zu formulieren. Dies war jedoch zu diesem Zeitpunkt nicht möglich, daher initiierte Papst Johannes Paul II. eine Darstellung und Klärung der „traditionellen Lehre des Filioque", damit sollte auch die Übereinstimmung mit den Lehren der Konzile, insbesondere mit jener des Konzils von Konstantinopel 381, zum Ausdruck gebracht werden. Das Ergebnis dieser Initiative war die Veröffentlichung des bereits erwähnten Dokuments durch den Päpstlichen Rat zur Förderung der Einheit der Christen.

Wie es bei PRO ORIENTE von Anfang an üblich war, wurden auch zu dieser Tagung TheologInnen eingeladen, die mit der Thematik besonders vertraut und somit in der Lage waren, einen wertvollen Beitrag für die Klärung zu leisten. Auch wenn die Frage vor dem dargestellten Hintergrund die katholische Kirche und die orthodoxe Kirche betraf, so wurden trotzdem Referate aus altkatholischer, evangelisch-lutherischer sowie reformatorischer und orientalisch-orthodoxer Sicht gehalten. Nach den Referaten von u. a. Metropolit Ioannes Zizioulas, Erzbischof Mesrob Krikorian, Ulrich Körtner und Peter Hofrichter wurde die Arbeit in vier Arbeitsgruppen fortgeführt und die Ergebnisse im Plenum vorgestellt sowie diskutiert. In den Arbeitsgruppen wurde das römische Dokument vertiefend analysiert, gleichzeitig nach Handlungsvorschlägen für die Kirchen gefragt.

---

[31] Deutscher Text in: Stirnemann/Wilflinger, Vom Heiligen Geist (wie Anm. 29), 23–33; veröffentlicht wurde das Dokument versehen mit drei *** (offiziös) im L'Osservatore Romano im September 1995.

An diesem Beispiel wird zweierlei deutlich: 1) Die Themen im ökumenischen Dialog können sich wandeln; das Zitat von Kardinal König lässt darauf schließen, dass zu Zeiten der Wiederannäherung zwischen Ost und West (ca. 1960–1980) das „Filioque" nicht als maßgeblicher theologischer Trennungsgrund festgehalten werden konnte. 2) PRO ORIENTE nahm immer wieder sehr rasch aktuelle Fragestellungen zum Anlass, diese mit Fachleuten zu diskutieren. ExpertInnen sprechen heute davon, dass bereits 1998 alles gesagt wurde, was zur Klärung der Frage nach der Beifügung des Filioque in der lateinischen Kirche gesagt werden kann.

3.6 Kommission Junger Orthodoxer und Katholischer TheologInnen

Ab 2009 arbeiteten die PRO ORIENTE-Verantwortlichen ein Konzept für eine neue Kommission aus, die aus jungen orthodoxen und katholischen TheologInnen bestehen sollte. Dahinter stand die Annahme, dass der katholisch-orthodoxe Dialog neuerlich in eine prekäre Phase gekommen sei. Das Fehlen eines qualifizierten Nachwuchses, der schleppende Rezeptionsprozess bisheriger Ergebnisse und die mangelnde Leidenschaft bezüglich des ökumenischen Dialogs waren weitere Gründe für die Überlegungen von PRO ORIENTE.

Das Konzept sah vor, dass unter der Leitung zweier ausgewiesener Experten, des orthodoxen Theologen Athanasios Vletsis und des katholischen Theologen Rudolf Prokschi, acht katholische und acht orthodoxe NachwuchswissenschaftlerInnen mit dem Forschungsschwerpunkt „katholisch-orthodoxe Ökumene" zu einer ersten Kommissionssitzung eingeladen werden. Die Zielsetzung und inhaltliche Ausrichtung der Arbeit der Kommission erarbeiteten die jungen ForscherInnen gemeinsam mit den Experten in ihrer konstituierenden Sitzung.

In Wienformulierten die 16 Kommissionsmitglieder, die auf Empfehlung von orthodoxen und katholischen Bischöfen und ProfessorInnen ausgewählt wurden, im Jahr 2011 folgende Ziele: „Als junge Theologinnen und Theologen der römisch-katholischen und orthodoxen Kirche aus verschiedenen Regionen Europas und aus unterschiedlichen theologischen Fachgebieten möchten wir Ergebnisse des offiziellen theologischen katholisch-orthodoxen Dialogs aufnehmen, mittragen und reflektieren, für unsere Kirchen fruchtbar machen und gemeinsame Schritte in die Zukunft gehen. Wir wollen die jüngere Generation, insbesondere Theologinnen und Theologen, sowie eine breitere Öffentlichkeit für die Anliegen des vielfältigen orthodox-katholischen Dialogs sensibilisieren. Dazu sollen aktuelle theologische, kulturelle und gesellschaftliche Aspekte, Herausforderungen und Hindernisse der orthodox-katholischen Ökumene untersucht und womöglich Lösungsansätze unterbreitet werden. Mit neuer Kraft wollen wir so einen Beitrag zur Überwindung der Trennung leisten.“[32]

Die Mitglieder haben sich entschlossen, die offiziellen Dokumente der „Gemeinsamen Internationalen Kommission für den Theologischen Dialog zwischen der Römisch-Katholischen Kirche und der Orthodoxen Kirche“ sowie inoffizielle Dokumente anderer regionaler Kommissionen und Arbeitsgruppen sorgfältig zu studieren, um auf dieser Basis neue Impulse für den katholisch-orthodoxen Dialog setzen zu können. Des Weiteren wollen sie mit dem im Rahmen der Kommissionsarbeit erworbenen Wissen ihre eigenen Forschungen vorantreiben sowie die Öffentlichkeit informieren. Hinzu kommt, dass es sowohl PRO ORIENTE als auch den Kommissionsmitgliedern ein besonderes Anliegen

[32] Vgl. www.pro-oriente.at/resmedia/upload//documents/Geandertes_Grundungspapier_JOKT_2015.pdf (zuletzt abgerufen am 23.08.2017).

ist, verschiedenen in den katholisch-orthodoxen Dialog involvierten Persönlichkeiten zu begegnen. Daher wird zu jeder Sitzung – die Kommission tagt einmal jährlich – eine solche Person eingeladen, u. a. waren der katholische Kardinal Kurt Koch und der polnisch-orthodoxe Erzbischof Jeremiasz (Anchimiuk) zu Gast.

Die Kommissionsmitglieder wählen jeweils ein konfessionell gemischtes Moderationspaar, welches die Kommissionssitzungen vorbereitet und die Kommission nach außen vertritt. 2015 hat die Kommission Junger Orthodoxer und Katholischer TheologInnen eine Publikationsreihe im Herder-Verlag – „Forum Ökumene" – eröffnet und im selben Jahr den ersten Band herausgegeben. PRO ORIENTE schätzt den Austausch mit jungen TheologInnen sehr.

4. Resümee und Ausblick

Die von PRO ORIENTE geleistete Arbeit im katholisch-orthodoxen Dialog hat viele Früchte getragen, die wertvollste Frucht, die jedoch nicht in Publikationen zu finden ist, ist die Tatsache, dass bei allen Konferenzen, Tagungen, Symposien und Sitzungen das Vertrauen zwischen den Kirchen aufgebaut und gestärkt werden konnte. Viele ExpertInnen begegneten bei diesen Gelegenheiten zum ersten Mal Orthodoxen bzw. Katholiken, häufig kannte man die anderen nur aus Fachbüchern, die bis heute zum Teil noch polemisch verfasst sind. PRO ORIENTE hat somit wesentlich zum Aufbau und Bestehen des Ost-West-Dialogs beigetragen. Dietmar W. Winkler, Mitglied des Vorstandes der Stiftung PRO ORIENTE, formuliert es in seinem Interview für den PRO ORIENTE-Jubiläumsfilm wie folgt: „Wenn ein offizieller Dialog abgebrochen wird, hat PRO ORIENTE sicher noch irgendwo einen Partner in irgendeiner Kirche, den man anrufen kann und mit dem man sich versteht und fragt: Wie können wir unsere Hierarchien wieder davon überzeugen, dass wir weitermachen, dass der Dialog weitergeht?“[33]

Es gilt nun die wissenschaftlichen Ergebnisse der langjährigen PRO ORIENTE-Arbeit im katholisch-orthodoxen Dialog zu rezipieren und alles daran zu setzen, die Rezeption voranzutreiben. Immer wieder werden die Verantwortlichen von PRO ORIENTE mit Themenvorschlägen konfrontiert, die schon vor vielen Jahren umfangreich von ExpertInnen bearbeitet wurden, daher legt PRO ORIENTE viel Wert auf die Aus- und Weiterbildung von NachwuchswissenschaftlerInnen. Auch wenn es manchmal so scheint, als wäre die Leidenschaft für die Ökumene abgeklungen, so sind doch an vielen verschiedenen Orten orthodoxe und katholische TheologInnen nach wie vor sehr interessiert und benötigen oft nur einen kleinen Motivationsschub, der sie vorantreibt. Daher lädt PRO ORIENTE seit 2014 zu Konferenzen, Tagungen und Symposien junge Talente ein, um sich gegenseitig kennenzulernen, aber auch um diese wissenschaftlichen Newcomer zu unterstützen und ihnen eine Plattform für den Austausch mit etablierten ExpertInnen zu bieten. Diese neue Initiative wird von allen Seiten positiv aufgenommen.

Zentrale Anliegen sind und bleiben die Stabilisierung und der Aufbau von Beziehungen zu wissenschaftlichen und kirchlichen Einrichtungen in Osteuropa sowie im Nahen Osten und in den nächsten Jahren sicherlich auch in der amerikanischen und australischen Diaspora, wo sich neue orthodoxe theologische Zentren herausbilden. Damit verbunden ist zudem die Bewältigung des anstehenden Generationenwechsels in der Öku-

[33] Vgl. Ein Dialog zwischen West und Ost. Alltagsszenen aus der Denkwerkstatt PRO ORIENTE im Gespräch zwischen Katholiken und Orthodoxen, 2015, Minute 30–30:29.

mene, der sich in den nächsten fünf bis zehn Jahren vollziehen wird. PRO ORIENTE hat sich vorgenommen, jenen bewusst mitzutragen und mitzugestalten, dies stellt für die nächsten Jahre eine große Herausforderung dar.

Lange Jahre konnte man Französisch und Deutsch als Sprachen der Theologie definieren, dabei kommt es ebenfalls zu einem Wechsel, immer mehr wird Englisch gebraucht, was auch bedeutet, dass Publikationen und Dokumentationen von ExpertInnen mehrheitlich in dieser Sprache verstanden werden. Diesen Wandel auch bewusst zu berücksichtigen ist für den von PRO ORIENTE angestrebten Rezeptionsprozess wichtig.

PRO ORIENTE ist im Ost-West-Dialog ein unverzichtbarer Partner. Die Verantwortlichen sind bemüht, den Zeichen der Zeit auch im ökumenischen Umfeld zu folgen und diese ernst zu nehmen. Die neuerlich aufkommende antiökumenische Stimmung in einigen Bereichen der Kirchen macht einige ÖkumenikerInnen mutlos, PRO ORIENTE versucht, dem entgegenzuwirken. PRO ORIENTE nimmt antiökumenischen Anfragen auf wissenschaftlicher Ebene ernst und thematisiert gleichzeitig die ökumenischen Errungenschaften und ihre positiven Zeichen immer wieder, um die breite Öffentlichkeit auch darüber zu informieren.

Vermutlich liegt noch viel Arbeit vor PRO ORIENTE, bis das Ziel der vollen und sichtbaren Communio der Kirchen erreicht wird, jedoch sind die Verantwortlichen zuversichtlich, dass dies gelingen kann, wenn alle einen ihren Fähigkeiten entsprechenden Beitrag leisten.

Nordamerikanische Konsultation – ein regionaler orthodox-katholischer Dialog in den USA

Michaela C. Hastetter/Givi Lomidze

1. Einführung und Quellen

Im Rahmen der ökumenischen Bewegung im orthodox-katholischen Spannungsfeld ist in der zweiten Hälfte des 20. Jahrhunderts die Nordamerikanische Orthodox-Katholische Theologische Konsultation entstanden, die den offiziellen Namen „The North American Orthodox-Catholic Theological Consultation" trägt. Sie ist eine regionale Dialogkommission der *Standing Conference of Canonical Orthodox Bishops of America* und der Unterkommission *Committee for Ecumenical Affairs* der *U.S. Conference of Catholic Bishops*'. Die Arbeit der Konsultation begann im Jahr 1965 in Worcester unter der Leitung von Erzbischof Iakovos Coucouzis, Exarch von Konstantinopel in Nord- und Südamerika, und dem katholischen Bischof Bernard J. Flanagan von Worcester, die je zehn (elf) Theologen dafür nominiert hatten.[1] Aktuelle Vorsitzende sind heute auf orthodoxer Seite Metropolit Methodios von Boston und auf katholischer Seite Erzbischof Joseph W. Tobin von Indianapolis.

---

[1] Vgl. hierzu Fahey, Michael A.: The Orthodox-Catholic Consultation in the United States, in: Borelli, John/Erickson, John H. (Hg.), The Quest for Unity. Orthodox and Catholics in Dialogue. Documents of the Joint International Commission and Official Dialogues in the United States, Crestwood, Washington 1996, 25–34, insb. 26–27.

Neben dem englischsprachigen Sammelband „The Quest for Unity“[2] mit einer Reihe von Geleitworten und Aufsätzen zu Hintergrund und Entstehung der Nordamerikanischen Konsultation sowie ausgewählten Dokumenten existieren zwei Internetseiten der orthodoxen und der katholischen Bischofskonferenz, die über die Entstehung der Nordamerikanischen Konsultation berichten und auf denen die Dokumente chronologisch angeordnet in englischer Sprache abrufbar sind.[3] Auf Deutsch wurden Berichte und gemeinsame Stellungnahmen von den Anfängen der Konsultationsarbeit bis 1996 in der Dokumentensammlung „Orthodoxie im Dialog“ veröffentlicht.[4] Von den später verabschiedeten Dokumenten wurde die gemeinsame Erklärung *Steps Towards a Reunited Church: A Sketch of an Orthodox-Catholic Vision for the Future* von 2010 mit einer Einführung von Theresia Hainthaler in deutscher Übersetzung publiziert.[5]

---

[2] Vgl. Borelli, John/Erickson, John H. (Hg.): The Quest for Unity. Orthodox and Catholics in Dialogue. Documents of the Joint International Commission and Official Dialogues in the United States, Crestwood, Washington 1996. – Eine Forschungsstudie zur Nordamerikanischen Konsultation in deutscher Sprache wird derzeit von der Mitautorin Michaela C. Hastetter durchgeführt und erscheint voraussichtlich 2019.

[3] Auf Orthodoxer Seite: http://assemblyofbishops.org/ministries/dialogue/orthodox-catholic/ (zuletzt abgerufen am 08.07.2017), auf katholischer Seite: http://www.usccb.org/beliefs-and-teachings/ecumenical-and-interreligious/ecumenical/orthodox/orthodox-dialogue-documents.cfm (zuletzt abgerufen am 08.07.2017)

[4] Vgl. Bremer, Thomas/Oeldemann, Johannes/Stoltmann, Dagmar (Hg.) in Verbindung mit Miguel María Guembe: Orthodoxie im Dialog. Bilaterale Dialoge der orthodoxen und der orientalisch-orthodoxen Kirchen 1945–1997. Eine Dokumentensammlung (Sophia. Quellen östlicher Theologie 32), Trier 1999, 48–116 mit Auflistung der gedruckten Ersterscheinung und weiteren Publikationsangaben.

[5] Vgl. Die Nordamerikanische Orthodox-Theologische Konsultation Georgetown University, Washington D.C., Schritte zu einer wieder vereinten Kirche.

2. Geschichte und Zielbestimmung

Die Geschichte der Nordamerikanischen Konsultation wurde von Michael A. Fahey, Co-Generalsekretär von 1979 bis 1995,[6] nachgezeichnet. Diesbezüglich wird in dem Jubiläumsdokument anlässlich des 50. Geburtstags der Nordamerikanischen Konsultation, *The Love of Christ Compels Us (2 Cor. 5:14): Fifty Years of Theological Dialogue* vom 24. Oktober 2015,[7] auf Genese und Geschichte der Konsultationsarbeit zurückgeblickt.

Wie kam es zur Gründung dieses regionalen Dialogs in den USA?[8] Am 9. September 1965 traten nach einer Reihe von Vortreffen in Worcester erstmals unter der Leitung von Erzbischof Jakobus (Iakovos) der Griechisch-Orthodoxen Erzdiözese von Nord- und Südamerika und von Bischof Bernard Flanagan von Worcester Bischöfe und Theologen zusammen. Getragen wurde und wird die Orthodox-Katholische Theologische Konsultation bis heute von den beiden Bischofskonferenzen, der *Standing Conference of Canonical Orthodox Bishops in America* (SCOBA), heute *Assembly of Canonical Orthodox*

Entwurf einer orthodox-katholischen Vision für die Zukunft der Kirche, 2. Oktober 2010. Mit einer Einführung von Theresia Hainthaler, in: KNA-ÖKI 37 / 13. September 2011, in: Dokumentation 18 (2011), 1–11.

6 Vgl. Borekki, John/Erickson, John: Editors' Note, in: dies. (Hg.), The Quest for Unity. Orthodox and Catholics in Dialogue. Documents of the Joint International Commission and Official Dialogues in the United States, Crestwood, Washington 1996, 1–2, hier 1.

7 Vgl. dazu und im Folgenden The North American Orthodox-Catholic Theological Consultation: The Love of Christ Compels Us (2 Cor. 5:14): Fifty Years of Theological Dialogue (zuletzt abgerufen am 24.10.2015), in: http://assemblyofbishops.org/assets/files/docs/Fiftieth %20Anniversary %20Statement.pdf (zuletzt abgerufen am 08.07.2017).

8 Der folgende Abschnitt bezieht sich vor allem auf das Jubiläumsdokument, wenn nicht anders angegeben, vgl. The North American Orthodox-Catholic Theological Consultation, Love of Christ (wie Anm. 7).

Bishops of the United States, und der *National Conference of Catholic Bishops*, heute *United States Conference of Catholic Bishops*, der sich seit 1997 die *Canadian Conference of Catholic Bishops* als einer der Sponsoren angeschlossen hat. Mit der Gründung dieser theologischen Konsultation betraten die katholische und die orthodoxe Kirche gleichsam Neuland, war doch der theologische Dialog zwischen beiden Kirchen seit dem gescheiterten Unionskonzil von Florenz (1438) seit gut 500 Jahren stillgelegt.[9] Der Aufbruch zur Wiederaufnahme des Dialogs geschah vor dem Hintergrund der Beschlüsse des Zweiten Vatikanischen Konzils (1962–1965) und der Panorthodoxen Konferenzen (1961–1968). Den eigentlichen Anstoß zum ersten gemeinsamen Treffen gab die historische Begegnung von Papst Paul VI. und dem Ökumenischen Patriarchen Athenagoras am 5. Januar 1964 in Jerusalem, wo die beiden Oberhirten nach einer gut tausendjährigen Eiszeit zwischen Rom und Konstantinopel erstmals wieder den Bruderkuss austauschten. Dieser Auftakt eines neuen ökumenischen Frühlings führte dann zur Aufhebung der Bannflüche zwischen Rom und Konstantinopel von 1054 einen Tag vor der Beendigung des Zweiten Vatikanischen Konzils am 7. Dezember 1965 nach einem intensiven Briefwechsel zwischen Papst Paul VI. und dem Ökumenischen Patriarchen Athenagoras, die im sogenannten „Tomos Agapis“ gesammelt sind.[10] Die Nordamerikanische Konsultation bekennt sich daher in Anlehnung an Athenagoras und Paul VI. explizit zum Begriff der *Schwesterkirchen (sister-churches)* und zu seinem modernen Gebrauch. Die Schwester-

---

[9] Vgl. Fahey, Orthodox-Catholic Consultation (wie Anm. 1), 28.

[10] Vgl. hierzu PRO ORIENTE (Hg.), Tomos Agapis. Dokumentation zum Dialog der Liebe zwischen dem Hl. Stuhl und dem Ökumenischen Patriarchat. 1958–1976, Innsbruck, München, Wien 1978.

kirchen sieht sie in der einen Taufe begründet, welche von beiden Kirchen anerkannt wird, trotz verschiedener Ausformungen in der kirchlichen Praxis, die aber nicht die Substanz des Mysteriums in Frage stellen.[11] Dabei betont das Jubiläumsdokument, dass die Nordamerikanische Konsultation als Grundlage ihres Dialogs das Gebet Jesu aus Joh 17 betrachtet hat, dass alle eins seien. Das Ziel des Dialogs sieht die Nordamerikanische Konsultation in der Versöhnung und Wiederherstellung der vollen, sichtbaren Communio zwischen den beiden Kirchen, die auf der gemeinsamen Feier der Eucharistie fußt.[12] Das Jubiläumsdokument verschweigt freilich auch nicht die Anfangsschwierigkeiten dieses neuen Dialogs in der Mo-

---

[11] Schon 1999 formulierte die Nordamerikanische Konsultation: „The Orthodox and Catholic members of our Consultation acknowledge, in both of our traditions, a common teaching and a common faith in one baptism, despite some variations in practice which, we believe, do not affect the substance of the mystery. We are therefore moved to declare that we also recognize each other's baptism as one and the same ...In our common reality of baptism, we discover the foundation of our dialogue, as well as the force and urgency of the Lord Jesus' prayer ‚that all may be one'. Here, finally, is the certain basis for the modern use of the phrase, ‚sister churches'" (The North American Orthodox-Catholic Theological Consultation: Baptism and ‚Sacramental Economy', in: http://www.usccb.org/beliefs-and-teachings/ecumenical-and-interreligious/ecumenical/orthodox/baptism-and-sacramental-economy.cfm [zuletzt abgerufen am 26.07.2017]).

[12] Dies hatte die Nordamerikanische Konsultation auch schon in früheren Dokumenten ausgedrückt, so etwa in *Steps Towards A Reunited Church: A Sketch Of An Orthodox-Catholic Vision For The Future*: „Unser Ziel ist es, den Weg zu ebnen für die volle eucharistische Communio durch eine gegenseitige Anerkennung und Annahme als integrale Teile der von Jesus Christus gegründeten Kirche" (The North American Orthodox-Catholic Theological Consultation, Schritte, 1); im Jubiläumsdokument: „For fifty years, this Consultation has contributed to the ultimate goal of restoration of full communion between our churches" (The North American Orthodox-Catholic Theological Consultation, Love of Christ [wie Anm. 7]).

derne aufgrund divergierender Lehren und zahlreicher Missverständnisse.[13]

Neben der wissenschaftlichen theologischen Arbeit fanden durch die orthodox-katholische Konsultation in den USA auch bedeutende Begegnungen von Vertretern der beiden Kirchen, gemeinsame Foren, die offizielle Dialogkommission begleitende Stellungnahmen, aber auch gemeinsame von der Konsultation organisierte Pilgerfahrten statt.[14] Darüber hinaus wurden einige ökumenische Institute und Seminare etabliert sowie pastorale Leitfäden für gemischte Ehen entwickelt.

Damit hat die Nordamerikanische Konsultation gleichsam zwei Standbeine, die theologische Fragen und pastorale Herausforderungen gleichermaßen berühren.

3. Dokumente

Im Rahmen von 50 Jahren Konsultationsarbeit erschien eine beachtliche Reihe von Konsenspapieren, die hier im Folgenden chronologisch aufgelistet werden. Dabei wird zwischen den gemeinsamen Erklärungen und Stellungnahmen und Special Statements unterschieden:[15]

---

[13] Vgl. The North American Orthodox-Catholic Theological Consultation, Love of Christ (wie Anm. 7); zu den Hintergründen der Anfangsschwierigkeiten, die sich wegen der Gründungsmitglieder aus den mit Rom unierten Ostkirchen ergaben vgl. Fahey, Orthodox-Catholic Consultation (wie Anm. 1), 27.

[14] Vgl. The North American Orthodox-Catholic Theological Consultation, Love of Christ (wie Anm. 7).

[15] Oeldemann zählt fälschlicherweise als erstes Dokument einen Bericht zur Interkommunion von 1967, vgl. Oeldemann, Johannes: Vom „Dialog der Liebe" zum „Dialog der Wahrheit". Wichtige Stationen auf dem Weg zum theologischen Dialog zwischen der orthodoxen und der katholischen Kirche, in: Marte, Johann (Hg.) unter Mitarbeit von Faustyna Kadzieława: Herausforde-

(1) Gemeinsame Erklärungen und Stellungnahmen

13. Dezember 1969	*An Agreed Statement on the Holy Eucharist*
4. November 1971	*An Agreed Statement on Mixed Marriage*
24. Mai 1974	*An Agreed Statement on Respect for Life*
10. Dezember 1974	*An Agreed Statement on the Church*
10. Mai 1976	*The Pastoral Office: A Joint Statement*
19. Mai 1976	*The Principle of Economy: A Joint Statement*
29. September 1977	*Reaction of the Orthodox-Roman Catholic Dialogue to the Agenda of the Great and Holy Council of the Orthodox Church*
8. Dezember 1978	*An Agreed Statement on the Sanctity of Marriage*
11. Oktober 1980	*Joint Recommendations on the Spiritual Formation of Children in Marriages between Orthodox and Roman Catholics*
25. Mai 1983	*A Response to the Joint International Commission for Theological Dialogue between the Orthodox Church and the Roman Catholic Church regarding the Munich Document: „The Mystery of the Church and of the Eucharist in the Light of the Mystery of the Holy Trinity"*
27. Oktober 1984	*An Agreed Statement on the Lima Document „Baptism, Eucharist, and Ministry" by the Eastern Orthodox/Roman Catholic Consultation, U.S.A.*

---

rung sichtbare Einheit. Beiträge zu den Dokumenten des katholisch-orthodoxen Dialogs (Das Östliche Christentum. Neue Folge 60), Würzburg 2014, 16–34, hier unter der Überschrift 6. Orthodox-katholische Gespräche auf regionaler Ebene, 27–31, während Fahey betont, dass das erste Konsensdokument 1969 ganz bewusst über die Eucharistie *(An Agreed statement on the Holy Eucharist)* verabschiedet worden sei, vgl. Fahey, Orthodox-Catholic Consultation (wie Anm. 1), 30. Dies deckt sich auch mit der Auflistung auf den beiden Homepages der Bischofskonferenzen, vgl. http://www.usccb.org/beliefs-and-teachings/ecumenical-and-interreligious/ecumenical/ecumenical-documents-and-news-releases.cfm#CP_JUMP_106416 (zuletzt abgerufen am 26.07.2017) und http://www.assemblyofbishops.org/ministries/dialogue/orthodox-catholic/ (zuletzt abgerufen am 26.07.2017).

1. November 1986	*Apostolicity as God's Gift in the Life of the Church*
2. Juni 1988	*Response to the Joint International Commission for Theological Dialogue between the Orthodox Church and the Roman Catholic Church regarding the Bari Document: „Faith, Sacraments, and the Unity of the Church"*
28. Oktober 1989	*A Joint Reaction by the Orthodox/Roman Catholic Consultation in the U.S.A. to the International Orthodox/Roman Catholic Commission's Valamo Document: The Sacrament of Order in the Sacramental Structure of the Church with Particular Reference to the Importance of Apostolic Succession for the Sanctification and Unity of the People of God*
28. Oktober 1989	*An Agreed Statement on Conciliarity and Primacy in the Church*
20. Oktober 1990	*A Joint Communique of the Orthodox/Roman Catholic Consultation in the United States on Current Tensions between our Churches in Eastern Europe*
28. Mai 1992	*Joint Statement of the United States Orthodox/Roman Catholic Consultation on Tensions in Eastern Europe Related to „Uniatism"*
15. Oktober 1994	*A Response of the Orthodox/Roman Catholic Consultation in the United States to the Joint International Commission for Theological Dialogue between the Orthodox Church and the Roman Catholic Church Regarding the Balamand Document: „Uniatism, Method of Union of the Past, and the Present Search for Full Communion"*
31. Oktober 1998	*Common Response to the Aleppo Statement on the Date of Easter/Pascha*
3. Juni 1999	*Baptism and ‚Sacramental Economy'. An Agreed Statement*[16]
10. Juni 2000	*Sharing the Ministry of Reconciliation*

[16] Von diesem Dokument existiert auf beiden Homepages der Bischofskonferenzen auch die französische Fassung, vgl. hier auf orthodoxer Seite: http://www.assemblyofbishops.org/ministries/dialogue/orthodox-catholic/baptism-economy-french (zuletzt abgerufen am 26.07.2017).

25. Oktober 2003 *A Common Response to the The Filioque: A Church-Dividing Issue?*[17]

24. Oktober 2009 *A Common Response to the Joint International Commission for the Theological Dialogue Between the Roman Catholic Church and the Orthodox Church Regarding the Ravenna Document: „Ecclesiological and Canonical Consequences of the Sacramental Nature of the Church: Ecclesial Communion, Conciliarity, and Authority"*

1. Oktober 2010 *Celebrating Easter/Pascha Together*

2. Oktober 2010 *Steps Towards a Reunited Church: A Sketch of an Orthodox-Catholic Vision for the Future*

27. Oktober 2012 *The Importance of Sunday*

4. Juni 2014 *Statement of the North American Orthodox/Catholic Theological Consultation on the Occasion of the Eighty-fifth Anniversary of the Promulgation of the decree Cum data fuerit*

24. Oktober 2015 *Statement on the 50th Anniversary of the North American Orthodox-Catholic Theological Consultation*

(2) Spezielle Statements (Special Statements)

25. Januar 1978 *A Statement by the Orthodox and Roman Catholic Bilateral Consultation on Persecution of the Greek Orthodox Community in Turkey*

29. Mai 1982 *Reaction to the Anthimos/Medeiros Agreement*

28. Oktober 2006 *Statement on the Upcoming Visit of Pope Benedict XVI to the Ecumenical Patriarchate*

26. Oktober 2013 *The Pleight of the Churches in the Middle East – Revisited. Statement of the Members of The North American Orthodox-Catholic Theological Consultation*

---

[17] Dieses Dokument wurde nicht nur ins Englische und Französische, sondern auch in folgende Sprachen übersetzt: ins Griechische, Rumänische, Spanische und Ukrainische, vgl. http://www.assemblyofbishops.org/ministries/dialogue/orthodox-catholic/ (zuletzt abgerufen am 26.07.2017), wo die einzelnen Übersetzungen abrufbar sind.

4. Ausgewählte Inhalte der Konsultationsarbeit

Im Rückblick auf nun gut 50 Jahre Konsultationsarbeit können heute besonders folgende Themenbearbeitungen als wegweisend gelten: Die heilige Eucharistie (1969) als Start und Zielpunkt der Konsultationsarbeit,[18] Taufe und Sakramentale Heilsökonomie (1999) mit der Anerkennung der gegenseitigen Taufe,[19] das Filioque als kirchentrennende Angelegenheit (2003) mit dem Vorschlag, „die ursprüngliche griechische Form des Glaubensbekenntnisses von 381 wegen seiner Autorität und seines Alters als die gemeinsame Form unseres Bekenntnisses in unseren beiden Kirchen zu verwenden“[20], und dann vor allem das Dokument im Nachgang zum Ravenna-Dokument, Schritte zu einer wiedervereinigten Kirche (2010), mit der Vision einer zukünftigen Gestalt der Kircheneinheit bezüglich des Primats und der Synodalität.[21] In diesem letztgenannten Dokument erkennt die

---

[18] Vgl. The North American Orthodox-Catholic Theological Consultation, An Agreed Statement on the Holy Eucharist, in: http://assemblyofbishops.org/ministries/dialogue/orthodox-catholic/eucharist (zuletzt abgerufen am 08.07.2017).

[19] Vgl. The North American Orthodox-Catholic Theological Consultation, Baptism and ‚Sacramental Economy‘, in: http://assemblyofbishops.org/ministries/dialogue/orthodox-catholic/baptism-and-sacramental-economy-an-agreed-statement-of-the-north-american-orthodox-catholictheological-consultation-saint-vladimirs-orthodox-seminary-june-3-1999 (zuletzt abgerufen am 18.07.2017).

[20] The North American Orthodox-Catholic Theological Consultation, A Common Response to the The Filioque: A Church-Dividing Issue? (2003), in: http://www.assemblyofbishops.org/ministries/dialogue/orthodox-catholic/filioque-a-church-dividing-issue (zuletzt abgerufen am 29.01.2018).

[21] Vgl. The North American Orthodox-Catholic Theological Consultation, Steps Towards A Reunited Church: A Sketch Of An Orthodox-Catholic Vision For The Future, in: http://assemblyofbishops.org/news/scoba/towards-a-unified-church (zuletzt abgerufen am 18.05.2017); deutsche Übersetzung, nach der im Folgenden zitiert wird: Schritte zu einer wieder vereinten Kirche. Entwurf einer orthodox-katholischen Vision für die Zukunft. Die Nordamerikanische Orthodox-Katholische Theologische Konsultation Georgetown Univer-

Konsultation trotz der historischen und systematischen Differenzen in dieser Frage an, dass bereits ein beachtlicher Grad von Communio zwischen beiden Kirchen besteht.[22] Dabei wird unter anderem in Aussicht gestellt, „neue Formen gemeinsamen Lebens und Zeugnisses anzunehmen und sich selbst neuen historischen Situationen anzupassen“[23], was auch neue Konzepte der Ausübung von Primatialität und Synodalität miteinschließt, etwa die Autorität des Bischofs von Rom als Primus inter Pares „nur in einem synodalen/kollegialen Kontext“[24] oder die Komplexität im Aufeinanderbezogensein von primatialer und patriarchaler Leitung nach altkirchlichem Vorbild. Ebenso werden darin neue Herausforderungen behandelt, die sich etwa durch die Frage der Migration und Pluralisierung in Bezug auf neue kirchliche Strukturen im national-internationalen Feld ergeben (Stichwort: orthodoxe Diaspora, ein Ort – ein Bischof).[25] Weitere Schwerpunkte in der thematischen Arbeit waren in den 1990er Jahren mehrere Stellungnahmen zum Uniatismus (1990, 1992 und 1994). Unter die pastoral-ökumenischen und ethischen Fragestellungen fallen Konsensdokumente zur Frage der gemischten Ehen (1971, 1978, 1980), zu Lebensschutz und Abtreibung (1974) sowie zur Wirtschaftsethik (1976). Weitere wichtige Themenkomplexe waren die Kalenderreform bezüglich eines gemeinsamen Osterfesttermins (2010) und die Bedeutung des Sonntags (2012) als Tag des gemeinsamen Gebetes.

---

sity, Washington D.C., 2. Oktober 2010. Übersetzt von Theresia Hainthaler, in: KNA-ÖKI 37/13. September 2011. Dokumentation Nr. 18 (2011), 1–11.

[22] Ebd. (wie Anm. 21), 5.

[23] Ebd. (wie Anm. 21), 7.

[24] Ebd. (wie Anm. 21), 8.

[25] Vgl. ebd. (wie Anm. 21), 10.

5. Stimmen aus der offiziellen Dialogkommission

Ein Charakteristikum der Nordamerikanischen Theologischen Konsultation ist sicherlich, dass sie ab 1982 die Ergebnisse der Gemischten Kommission für den theologischen Dialog zwischen der Katholischen Kirche und der Orthodoxen Kirche wissenschaftlich begleitete. So verwundert es nicht, dass zum 50-jährigen Jubiläum Kirchenvertreter auf höchster Ebene von beiden Denominationen in ihren jeweiligen Briefen ihre Wertschätzung der Nordamerikanischen Konsultation ausgedrückt haben. Drei Stimmen sollen hier vernommen werden. Der Ökumenische Patriarch Bartholomaios I. würdigte in einem Grußwort zum 50-jährigen Jubiläum am 22. Oktober 2015 die Arbeit der Nordamerikanischen Konsultation, die er in seinem Schreiben persönlich ansprach: „Mit wissenschaftlicher Kenntnis, pastoralem Feingefühl und innigem Gebet haben Sie die kritischen Fragen untersucht und behandelt, die unsere Kirchen entfremdet haben. Sie haben die Beziehung zwischen unseren Kirchen und unseres gemeinsamen Zeugnisses in der Welt im Namen Christi gefördert. Sie haben treu gegenüber dem Gebet des Herrn für die Einheit seiner Jünger (Joh 17,21) geantwortet. Wahrlich, die Früchte der Konsultation finden sich in ihren 28 gemeinsam verabschiedeten Stellungnahmen. Seit fünf Jahrzehnten haben diese Stellungnahmen und die damit verbundenen Studien außerordentlich zum gegenseitigen Verstehen, zur theologischen Erneuerung und der Lösung von unseren historischen Differenzen beigetragen.“[26] Gleichermaßen schrieb der Präsident des Päpstlichen Rates zur Förderung der Einheit der Christen, Kardinal Kurt Koch, anlässlich des Ju-

[26] Bartholomaios, Brief an Methodios von Boston und Joseph W. Tobin von Indianapolis vom 1. Oktober 2015 (Eigenübersetzung).

biläums, dass die Stellungnahmen der Konsultation „in der Tat das gegenseitige Verstehen zwischen Katholiken und Orthodoxen in Nordamerika begünstigten, indem sie dazu beigetragen haben, ein Klima gemeinsamer Freundschaft und fruchtbarer Zusammenarbeit zu schaffen“[27]. Der Bischof von Hamilton und zugleich Präsident der Kanadischen Konferenz Katholischer Bischöfe, Bischof Douglas Crosby, OMI, hat zum selben Anlass in seinem Glückwunschschreiben betont, dass „die Konsultation demonstriert habe, für den Dialog ein ausgezeichnetes Modell zu sein, welches sowohl in der Wahrheit als auch in der Liebe verwurzelt ist“[28].

6. Rezeption und Ausblick

Mit Recht hat Johannes Oeldemann die Arbeit der Nordamerikanischen Konsultation nicht nur als „bemerkenswert“[29] erachtet, sondern diesen regionalen Dialog in den USA auch „zu den fruchtbarsten Initiativen im orthodox-katholischen Dialog“[30] gezählt. Eine umfassende Rezeption des nordamerikanischen Dialogs hingegen ist bis auf vereinzelte Erwähnungen in wissenschaftlichen Beiträgen bislang ausgeblieben,[31] was die

[27] Kurt Koch, Brief an [Joseph W.] Tobin vom 24. September 2015 (Eigenübersetzung).

[28] Brief von Douglas Crosby an Joseph W. Tobin und Methodios von Boston vom 16. Oktober 2015 (Eigenübersetzung).

[29] Oeldemann, Dialog der Liebe (wie Anm. 15), 28.

[30] Ebd. (wie Anm. 14), 29.

[31] Vgl. hierzu im deutschsprachigen Raum beispielsweise Oeldemann, Dialog der Liebe (wie Anm. 15), 27–29 unter der Überschrift 6. Orthodox-katholische Gespräche auf regionaler Ebene; zum Teil wird auch in Einzelforschungen auf die Nordamerikanische Konsultation verwiesen, so in der Frage der Akribeia und Oikonomia bei Schuppe, Florian: Die pastorale Herausforderung – Or-

Nordamerikanische Konsultation selbst beklagt hat, als sie darüber ihr Bedauern in dem bereits mehrmals angeführten Jubiläumsdokument von 2015 ausgedrückt hat: „Wir drängen nochmals auf eine öffentliche Beachtung dieser Erklärungen in einer Art und Weise, die zur ihrer Rezeption führen möge."[32] Die vollständige Rezeption der Arbeit der Nordamerikanischen Konsultation bleibt von daher nicht nur eine lohnende Forschungsaufgabe, sondern müsste auch in beiden Kirchen in einem sehr viel breiteren Maße als bisher geschehen, um die Früchte dieses regionalen Dialogs allen zugänglich zu machen. Dies würde vor allem Übersetzungen der bereits vorliegenden Dokumente erfordern. Konkret für den deutschsprachigen Raum gesprochen würde dies bedeuten, dass die Übersetzung in der Dokumentensammlung „Orthodoxie im Dialog" auch über das Jahr 1997 fortgeführt werden müsste. Des Weiteren müssten dann auch Übersetzungen in andere Sprachen über die vorhandenen Übersetzungen hinaus erfolgen, gerade und bevorzugt in solche Sprachen, in denen der bilaterale Dialog noch in den Kinderschuhen steckt. Wie wertvoll wäre es etwa für jene autokephalen Kirchen, die noch die Wiedertaufe von Katholiken pflegen, die gemeinsame Erklärung *Baptism and Sacramental Economy* von 1999 über die gegenseitige Anerkennung der Taufe in der eigenen Sprache lesen und studieren zu können, um die gängige Praxis neu zu überdenken? Auf katholischer Seite besteht jedoch ebenfalls nicht nur in europäischen Kirchenkreisen, sondern auch seitens der Theologie weitgehende Unkenntnis über die Existenz dieses regionalen Dia-

---

thodoxes Leben zwischen Akribeia und Oikonomia. Theologische Grundlagen, Praxis und ökumenische Perspektiven, Würzburg 2006, 560, 628, 631.

[32] The North American Orthodox-Catholic Theological Consultation, The Love of Christ (Eigenübersetzung) (wie Anm. 7).

logs in den USA. So fehlen auch hier nicht selten ökumenische Sensibilität hinsichtlich der Orthodoxie und Kenntnis von möglichen Lösungsansätzen für jene Fragen, die der Einheit noch entgegenstehen.

Die Ernte der Früchte der Nordamerikanischen Konsultation bedarf freilich einer weiteren Vermittlung über die Grenzen der Theologie hinaus, damit auch das gläubige Volk Anteil daran und Kenntnis darüber hat, etwa beim Filioque mit dem Vorschlag der Nordamerikanischen Konsultation, das große Glaubensbekenntnis im griechischen Original ohne das später eingefügte Filioque in die Liturgie zu integrieren. Ein solches Umdenken in beiden Kirchen braucht vorbereitende Schritte, Vermittler und Vermittlung, damit die Vision der Einheit, welche die Mitglieder der Nordamerikanischen Konsultation über 50 Jahre so lebendig am Leben gehalten haben, eines Tages Realität wird. So bleibt am Ende mit den Worten der Nordamerikanischen Konsultation unser Wunsch, die „Selbstgenügsamkeit in unseren Spaltungen zu überwinden, in der Kraft des Geistes und im Sehnen nach der Fülle der lebensspendenden Gegenwart Christi in unserer Mitte“[33].

[33] Die Nordamerikanische Orthodox-Katholische Theologische Konsultation, Schritte (wie Anm. 21), 11.

Die Regensburger Ökumenischen Symposien

Stefanos Athanasiou

Die Regensburger Ökumenischen Symposien können ohne Zweifel als Frucht des ökumenischen Geistes gesehen werden, die nach der Aufhebung der gegenseitigen Exkommunikation zwischen Rom und Konstantinopel am 7. Dezember 1965 durch Papst Paul VI. und den Ökumenischen Patriarchen Athenagoras entstanden ist. Die Grundidee dieser Symposien kam vom Regensburger Bischof Dr. Rudolf Graber, der damals Beauftragter der Deutschen Bischofskonferenz für die Ostkirchen war und eine Zusammenkunft zwischen östlichen und westlichen Theologen als einen wichtigen Beitrag für die Einheit zwischen Ost- und Westkirche erachtete.[1] Als Kardinal Döpfner von 14. bis 18. Oktober 1968 im Ökumenischen Patriarchat von Konstantinopel zu Besuch war, wurde die Organisation von solchen Symposien konkret in Angriff genommen. Nicht einmal ein Jahr später wurde das erste Symposion von 25. bis 30. Juli 1969 auf Schloss Spindelhof bei Regensburg organisiert, wo das Thema „Eucharistie, Zeichen der Einheit“ behandelt wurde. Diese Veranstaltung und ihre Fortsetzungen gingen als „Regensburger Ökumenische Symposien“ in die ökumenische Geschichte ein, weil die Zusammenkünfte besonders in der Anfangsphase auf Schloss Spindelhof bei Regensburg stattgefunden hatten.

Ferdinand Gahbauer betont die große Bedeutung dieser Symposien für die offizielle ökumenische Dialogkommission,

[1] Vgl. Suttner, Ernst Christoph (Hg.): Eucharistie, Zeichen der Einheit. Erstes Regensburger Symposion, Regensburg 1970, 125.

da in Regensburg die dort zu behandelnden Themen im Vorfeld schon einmal diskutiert worden waren. Somit dienten die Regensburger Symposien als theologische Denkfabrik für den offiziellen theologischen Dialog. Gahbauer: „Die Wahl der Themen sowie der zeitliche Ansatz der Symposien und der Versammlungen der Dialogkommission zeigen, dass in Regensburg bereits wichtige vorbereitende und klärende Gespräche für die jeweils ein Jahr später zusammentretenden Dialogkommissionen in mindestens zwei Themenbereichen Bedeutungen gewonnen haben“[2]. Somit lieferten die Regensburger Ökumenischen Symposien oft die theologische Basis für den ein Jahr später veranstalteten offiziellen theologischen Dialog.

Insgesamt werden die Regensburger Ökumenischen Symposien in drei Reihen untergliedert, wobei die erste Reihe die sechs Symposien von 1969 bis 1975, die zweite die vier Symposien von 1979 bis 1989 und die dritte Reihe die Symposien ab 1985 beinhaltet. Hatten die ersten zwei Reihen konkrete Themen wie etwa die Sakramente bzw. verschiedene theologische Fragen in der einen Kirche zum Thema, so befassten sich die Symposien in der dritten Reihe eher mit verschiedenen konkreten Themen, beispielsweise mit der Taufe der Rus.

Die Regensburger Ökumenischen Symposien lassen sich in folgende Reihen unterteilen und beschäftigten sich mit den folgenden Themen:

---

[2] Gahbauer, Ferdinand: Die Regensburger Ökumenischen Symposien und der nachkonziliare ost-westliche Dialog, Paderborn 1995, 12.

Erste Reihe

1969: 25.–30. Juli: „Eucharistie, Zeichen der Einheit“, Regensburg.
1970: 18.–24. Juli „Die Sakramente der Initiation: Taufe und Firmung“, Regensburg.
1971: 16.–20. Juli „Beichte und Buße“, Regensburg.
1972: 17.–24. Juli „Koinonia – Zur Frage der Interkommunion“. Regensburg. Das Symposion wurde in der Orthodoxen Akademie von Kreta/Kolibari (16.–30.08.1972) fortgesetzt.
1973: 10.–16. Juni „Das Priestertum“, Athen/Pendeli.
1975: 17.–20. Juli „Das Sakrament der Krankensalbung und der Ehe“, Regensburg.

Zweite Reihe

1979: 16.–21. Juli „Die Heiligen der einen Kirche“ am Beispiel des Hl. Basilius (†379).
1981: 20.–26. Juli „Die Eucharistie der einen Kirche“ Eucharistische Ekklesiologie.
1985: 15.–21. Juli „Das Priestertum der einen Kirche“.
1989: 17.–22. Juli „Das Dienstamt der Einheit in der Kirche“: Primat und Patriarchat.

Dritte Reihe

1985: 17.–24. April Todestag des Slawenapostels Methodius.
1987: 21.–26. April Internationales Symposion in Regensburg zum Millennium der Taufe der Rus.

1992: 29.04–02. Mai Symposion in Regensburg zum 600. Jahrestag des Todes des Hl. Sergius von Radonež.

1994: 05.–10. August Symposion in Regensburg zum 50. Jahrestag des Todes von Erzpr. Sergij N. Bulgakov.

1998: 20.–25. Mai Erstes Millenniumssymposion in Novgorod „Einheit und Vielfalt“ – Gedanken dazu von Vl. Solov’ev“.

1998: 23.11.–25. November Zweites Millenniumssymposion in Regensburg: „Die Realität der Inkarnation in hinduistischer und in christlicher Sicht“.

2000: 02.–05. Januar Drittes Millenniumssymposion in Kerala/Indien: „Eine holistische Vision der Welt in hinduistischer und christlicher Sicht“.

2000: 11.–14. September Viertes Millenniumssymposion: zum 100. Todestag von Vladimir S. Solov’ev.

2003: 23.–27. September Gemeinsame Tagung mit dem Moskauer Institut St. Andreas zum 150. Jahrestag der Geburt von Vl. S. Solov’ev: „Russland und die Universale Kirche“.

2004: 29.09–03. Oktober Gemeinsame Tagung mit dem Moskauer Institut St. Andreas zum 60. Jahrestag des Todes von Erzpr. Sergej N. Bulgakov: „Russische Theologie im europäischen Kontext“.

2005: 29.09–01. Oktober Gemeinsame Tagung mit dem Moskauer Institut St. Andreas: „Das gemeinsame theologische Erbe von Erzpr. Pavel N. Florenskij“.

2006: 27.–30. September Gemeinsame Tagung mit dem Moskauer Institut St. Andreas: „Gedanken von Nikolaj A. Berdjajev im europäischen Kontext“.

Der Ökumenische Patriarch Bartholomaios betonte in seiner Rede in Baloukli/Istanbul beim Besuch von Stipendiaten des

Ostkirchlichen Instituts Regensburg die Bedeutung der Regensburger Ökumenischen Symposien und hob außerdem hervor, wie sehr diese mit dem Ostkirchlichen Institut von Regensburg in Verbindung standen.[3] Der Patriarch gedachte darin besonders auch des verstorbenen Dr. Albert Rauch sowie Mons. Dr. Nikolaus Wyrwoll für ihr Engagement von der ersten Stunde der Symposien an und schloss mit dem Hinweis, dass das „Ostkirchliche Institut Regensburg, das in den fünfzig Jahren seines Bestehens mehr als tausend orthodoxen Theologen ökumenische Studien in Deutschland ermöglicht hat und durch die Regensburger Symposien zu einem bedeutenden Forum theologischer Gespräche avanciert ist"[4] und somit eine wichtige Rolle für den Dialog gespielt hat.

Insgesamt werden die Regensburger Symposien als ein deutsches Projekt gesehen, das im Geiste des Dialoges zwischen Ost und West entstanden ist. Reinhard Frieling etwa vergleicht die Regensburger Ökumenischen Symposien mit der österreichischen Stiftung PRO ORIENTE, die ihrerseits auch mehrere Symposien zur Förderung des Kontaktes zwischen Ost und West veranstaltet hat.[5] Denselben Vergleich stellt auch Werner Löser an, der unter anderem betont, dass „[w]ichtige theologische Vorarbeit für die Annäherung in diesen Fragen [...] die Symposien, theologischen Konferenzen und Podiumsgespräche der Stiftung PRO ORIENTE, Wien, geleistet haben, [...] sowie die Regensburger Ökumenischen Symposien im Auftrag der

---

[3] Vgl. Ökumenischer Patriarch Bartholomaios: Rede Seiner Allheiligkeit an die Stipendiaten des Ostkirchlichen Institutes Regensburg, Baloukli 31.8.2016, in: http://www.unifr.ch/iso/assets/files/Ansprache_Patriarch-Bartholomaeus.pdf (zuletzt abgerufen am 17.01.2018).

[4] Ebd. (wie Anm. 3).

[5] Vgl. Frieling, Reinhard: Der Weg des ökumenischen Gedankens. Eine Ökumenekunde, Göttingen 1992, 140.

Deutschen Bischofskonferenz“[6]. Somit können die Regensburger Ökumenischen Symposien als Forum gesehen werde, das im Rahmen der Annäherungsversuche in den 1960er Jahren entstanden ist und das ohne Zweifel einen großen Beitrag für die theologische Annäherung, aber auch für das gegenseitige theologische Kennenlernen geleistet hat. Dieser Beitrag wird heute von verschiedenen Foren bewahrt und gewürdigt. Seit der Auflösung des Ostkirchlichen Institutes von Regensburg im Jahre 2012 wird die ökumenische Arbeit des Institutes in Etterzhausen, Istanbul und Fribourg (Schweiz) weitergeführt. Das Stipendiatenprogramm des Institutes wird vom Johann Adam Möhler Institut fortgesetzt, das „auch den Geist der Regensburger Symposien weiter trägt, zum Beispiel in Form gemeinsamer Sitzungen von orthodoxen und katholischen Theologen im St. Irenäus-Kreis“[7].

Somit wurden der Geist und die theologische Arbeit der Regensburger Ökumenischen Symposien zwar in ihrer alten Form beendet, ihre Samen und Sprossen sind jedoch bewahrt worden und auf neuen fruchtbaren Boden gefallen. Es wird also bei den nächsten Generationen der Ökumene liegen, den erarbeiteten Geist weiterzuentwickeln, damit das gewonnene Vertrauen und die theologische Arbeit der Regensburger Ökumenischen Symposien nicht verlorengehen.

---

[6] Löser, Werner (Hg.): Die römisch-katholische Kirche (Die Kirchen der Welt 20), Frankfurt am Main 1986, 381, Anm. 80.

[7] Wyrwoll, Nikolaus: OKI – Was ist das?, in: http://www.oki-regensburg.de/was_ist.htm (zuletzt abgerufen am 18.01.2018).

Der katholisch-orthodoxe Dialog in Frankreich und sein theologischer Ertrag

Ioan Moga

1. Einführung[1]

Der „Gemischte katholisch-orthodoxe Ausschuss in Frankreich“ *(Comité mixte catholique-orthodoxe en France)* geht auf eine gemeinsame Initiative des Ökumenischen Patriarchen Demetrios und des Papstes Johannes Paul II. im Jahr 1980 zurück. In einer Zeit, in welcher der „Dialog der Wahrheit“ gerade begann, sollte eine solche regionale Dialoggruppe eine gewisse Vorreiterfunktion übernehmen, zumal die Orthodoxie im französischen Raum bereits auf eine lange theologische Tradition zurückblickte und somit – nicht nur sprachlich, sondern auch kulturell – viel leichter eine gute Kommunikationsebene mit der französischsprachigen römisch-katholischen Theologie finden konnte. Die gegenseitige Wahrnehmung und Befruchtung zwischen der römisch-katholischen Theologie und der orthodoxen Diaspora-Theologie fand im 20. Jahrhundert – vor, während und einige Zeit nach dem Zweiten Vatikanum – vor allem in Frankreich oder auf Französisch statt.

Von Anfang an wurde dieser regionale Ausschuss (hier auch als „Kommission“ bezeichnet) mit offiziellen Vertretern der zwei Kirchen besetzt. Die orthodoxen Vertreter wurden bis 1997 vom „*Comité inter-episcopal*“ nominiert, danach von der

[1] Vgl. Filiotis, Christos: „Le comité mixte catholique-orthodoxe en France“, in: Unité des chrétiens 175 (2014) 13–16.

„Versammlung der Orthodoxen Bischöfe in Frankreich“ *(„Assemblée des Evêques Orthodoxes de France“)*, die katholischen Vertreter wiederum von der *„Commission épiscopale (catholique) française pour l'unité des chrétiens“*. Auf beiden Seiten werden die jeweils acht Vertreter für eine Amtszeit von fünf Jahren ernannt.[2] Den Vorsitz führen ein römisch-katholischer Bischof (zurzeit: Roland Minnerath, Erzbischof von Dijon) und der griechisch-orthodoxe Metropolit des Ökumenischen Patriarchats (zurzeit: Metropolit Emmanuel). Die weiteren Mitglieder sind Kleriker und Theologen der zwei Kirchen, wobei von orthodoxer Seite Vertreter aus mehreren kanonischen orthodoxen Kirchen präsent sind. Ein Blick auf die momentane Besetzung der Kommission zeigt, dass der Schwerpunkt eher auf dem kirchlichen Charakter der Mitglieder liegt (fast alle sind Kleriker, auf beiden Seiten) und weniger – zumindest unter den orthodoxen Mitgliedern – auf dem akademischen.

Bei den regelmäßigen Treffen[3] sollte von Anfang an nicht nur der praktische Dialog der Liebe fortgesetzt und vertieft werden, sondern es sollte auch ein echter theologischer Dialog geführt werden („dialogue du vérité“).

Man kann in der bisherigen dialogischen Arbeit der Kommission drei thematische Etappen unterscheiden. Im Zeitraum 1980–1990 stand die Frage der „Natur des Primats des Bischofs von Rom im ersten Jahrtausend“ im Zentrum. Wenn man diese Thematik mit der Methode und den Themen des offiziellen Dialogs vergleicht (wo die Streitthemen anfänglich bewusst

---

[2] Comité mixte catholique-orthodoxe en France (Hg.): La Primauté romaine dans la communion des Églises, Paris 1991, 9.

[3] Am 1. Februar 2017 wurde die 78. Sitzung der Kommission abgehalten; man kann also im Durchschnitt von einem halbjährigen Rhythmus der Sitzungen ausgehen, vgl. http://www.exarchat.eu/spip.php?article1955 (zuletzt abgerufen am 12.10.2017).

ausgeklammert wurden, damit zuerst das Gemeinsame herausgestellt werden konnte), dann zeugt die französische Kommission von einem großen Mut, gleich zu Beginn das gravierendste Problem anzugehen. Das erklärt vielleicht die längere Zeit, bis die französische Dialoggruppe ein Dokument veröffentlichte, nämlich im Jahr 1991.[4] Die nächsten zwei Jahrzehnte begleiten thematisch die theologische Arbeit der offiziellen Dialogkommission. Die zwei Hauptthemen, die das offizielle Dokument von Balamand (1994) und jenes von Ravenna (2007) bestimmen, stehen auch im Zentrum der Arbeit der französischen Dialoggruppe: Zwischen 1991 und 2003 widmete man sich dem Thema „Uniatismus"; auch daraus entstand eine Publikation im Jahr 2004. Seit 2004 widmet sich der Ausschuss der Frage des Verhältnisses zwischen Primat und Synodalität in den zwei Kirchen. Es wird diesbezüglich eine gemeinsame Studie über die Möglichkeit der Versöhnung der zwei Positionen vorbereitet, wobei darin auch die Stellung des I. und II. Vatikanums diskutiert werden soll.

Neben der gemeinsamen ökumenischen Forschungsarbeit hat die Kommission auch die Rolle eines Forums, das bei unterschiedlichen Anlässen durch Pressecommuniqués öffentlich Stellung bezieht. Beispielsweise veröffentlichte die Kommission im Jahr 2015 ein Pressecommuniqué anlässlich des 50-jährigen Jubiläums der Aufhebung der Anathemata zwischen der Kirche von Rom und der Kirche von Konstantinopel.[5]

Im Rahmen dieses Aufsatzes sollen zwei Publikationen des katholisch-orthodoxen Dialogausschusses in Frankreich unter

---

[4] Comité mixte catholique-orthodoxe en France (Hg.): La Primauté romaine dans la communion des Églises, Paris 1991.

[5] Vgl. http://www.aeof.fr/uploads/files/2015%209%2029%20-%20Communiqu%C3%A9%20lev%C3%A9e%20anath%C3%A8mes-1%20(1).pdf (zuletzt abgerufen am 10.10.2017).

die Lupe genommen werden und die Ergebnisse in Bezug auf ihren originellen oder ökumenisch innovativen Charakter evaluiert werden.

2. Der römische Primat: Ansätze zu einem gemeinsamen Verständnis

Die erste Publikation der Kommission (1991) widmet sich dem Thema „Römischer Primat in der Gemeinschaft der Kirchen". Das Buch umfasst sieben theologische Aufsätze einzelner Autoren (es sind jeweils drei Autoren von jeder Kirche, wobei Bernard Dupuy zwei Studien verfasst hat), die sich mit folgenden Themen beschäftigen: das biblische Fundament des römischen Primats (Bernard Dupuy), die Verbindung zwischen Papst, Synode und Kaiser während der sieben ökumenischen Konzile (Olivier Clément), die Synode von Sardika (Hervé Legrand), die Konfrontation zweier Ekklesiologien zur Zeit Photius' (Boris Bobrinskoy), die Frage der Pentarchie (Bernard Dupuy, Élie Mélia) und das Verhältnis zwischen lokaler Kirche und universeller Einheit der Kirche (Cyrille Argenti).[6] Der Zugang ist also ein genuin historischer, kein systematisch-theologischer. Die Mitglieder der Kommission versprechen sich – in Anlehnung an Yves Congar – von einer Kirchengeschichtsschreibung, die mit einem „Maximum an Ehrlichkeit und Objektivität" verbunden ist, eine „therapeutische" Wirkung auf den orthodox-katholischen Dialog.[7] Damit sollen zugleich zwei „ideologi-

[6] Vgl. Comité mixte catholique-orthodoxe en France (Hg.): La Primauté romaine dans la communion des Églises, Paris 1991.
[7] Vgl. Introduction, in: Comité mixte catholique-orthodoxe en France (Hg.): La Primauté romaine dans la communion des Églises, Paris 1991, 11.

sche“ und „sterilisierende“ Blicke auf die Geschichte des ersten Jahrtausends vermieden werden: ein nostalgischer Blick, der darin das „goldene Zeitalter“ sehen will, zu dem man zurückkehren müsse, und eine Auffassung, wonach die späteren Entwicklungen im Primatsverständnis alle schon in der Alten Kirche präsent gewesen seien.[8] Diese zwei Ansätze, die kritisiert und für überholt befunden werden sollen, sind die klassischen orthodoxen bzw. römisch-katholischen Annäherungen an die historische Frage des Primats.

Bereits in der Einführung spricht sich die Kommission für ein Vorhandensein des römischen Primats im ersten Jahrtausend aus, aber in „einem Netzwerk von regionalen Primaten, von ‚Zentren der Gemeinschaft‘ [...] in Ost und West“, wobei dem Bischof von Rom „seine Fürsorglichkeit für die Gemeinschaft aller Kirchen in demselben Glauben und seine direktere Verantwortung bezüglich der Kirchen in seiner Jurisdiktion anerkannt wurden“[9]. Trotz der Konflikte wurde das Prinzip des „Primats der Kirche von Rom“[10] nicht in Frage gestellt.

Die Mitglieder der Kommission warnen jedoch davor, die thesenartigen Ergebnisse aus einer objektiven Kirchengeschichtsforschung als Lösungsformel für die heutige Zeit anzuwenden. Die späteren Entwicklungen, bei denen es auf beiden Seiten in der einen oder anderen Form zu „Abweichungen“[11] kam, erfordern eine weitere Unterscheidung, nämlich zwischen historischen Faktoren und den Sünden einzelner Menschen; denn die heutigen institutionellen Formen der Kirchen seien – so die Mitglieder der Kommission – das Ergebnis der Wechsel-

---

8 Vgl. ebd. (wie Anm. 7), 12.

9 Ebd. (wie Anm. 7), 13.

10 Ebd. (wie Anm. 7), 13.

11 Ebd. (wie Anm. 7), 14.

wirkung zwischen dem Hl. Geist und „Menschen, die in bestimmten historischen, politischen, kulturellen Kontexten agieren mussten“[12].

Mit dieser kritisch-vorsichtigen Sicht auf die Kirchengeschichte schafft es die französische Kommission, einen wunden Punkt in der Ökumene zu benennen, der bis heute ungern reflektiert wird: Die Kirchengeschichte der Einheit bzw. der Trennung sollte uns die eigene Verantwortung als Akteure der *und* in der Geschichte bewusster werden lassen. Es geht darum, weder die Geschichte zu idealisieren (das erste Jahrtausend) noch sie zu verdammen, sondern anhand der Geschichte und ihrer Früchte (oder Schatten) eine „schöpferische Treue“ zu entfalten, die den heutigen „missionarischen Anforderungen“ gewachsen ist.[13]

Am Ende der Aufsatzsammlung präsentiert die Kommission ihre inhaltlichen Ergebnisse[14] in einem 12-Punkte-Papier, das zuerst die ekklesiologischen Perspektiven und dann die historischen Aspekte einschließlich der Herausforderungen für die Zukunft thematisiert. Das Dokument schafft es, über die Betonung der üblichen ökumenischen Perspektiven hinaus (nämlich des viel gepriesenen Prinzips, dass der Primat nur innerhalb der Gemeinschaft der Kirchen, *communio ecclesiarum*, zu verstehen ist[15] bzw. dass Primat und Synodalität einander bedürfen), interessante Ansätze zu formulieren, die bis in die heutigen Debatten hinein relativkontrovers sind. Ich habe aus diesen Formulierungen nur einige prägnante Aussagen ausgewählt:

---

[12] Ebd. (wie Anm. 7), 14.

[13] Vgl. ebd. (wie Anm. 7), 15.

[14] Conclusions due Comité mixte, ebd. (wie Anm. 7), 113–125.

[15] Vgl. ebd. (wie Anm. 7), 113.

- „Es gibt keine Priorität, weder eine historische noch eine ontologische, zwischen der Universalkirche und der Lokalkirche."[16] Durch dieses klare Bekenntnis wird jede künstliche Auseinandersetzung zur Priorität der einen Realität gegenüber der anderen (wie in der späteren Debatte zwischen J. Ratzinger und W. Kasper) – und damit jede einseitige universalistische *oder* eucharistisch-lokalorientierte Ekklesiologie abgelehnt.
- Die primatiale Funktion „hat keine andere Wurzel als das Bischofsamt selbst"[17]; die „Existenz von primatialen Funktionen – wie die Roms – stellt die Gleichheit aller Bischöfe nicht infrage."[18] Damit wird klar festgehalten, dass der Bischof von Rom, trotz seiner primatialen Verantwortung, nicht mehr amtstheologische „Plus-Werte" hat als jeder andere Bischof.
- Die zwei klassischen Modelle „Ehrenprimat" versus „jurisdiktioneller Primat" werden im Lichte des 34. Kanons der Apostel gelesen und dadurch in ihrem jeweiligen Ausschließlichkeitscharakter relativiert. Auch diesbezüglich wird versucht, aus zwei klassischen „Entweder-oder"-Ansätzen zwei Momente einer und derselben Realität zu machen: Es gebe eine „dialektische Spannung" zwischen dem Primus und den anderen regionalen Primatszentren[19] und man sollte sich erneut auf ein „strukturelles Gesetz in der Verfassung der Kirche" besinnen, wonach der „eine" und die „vielen" zusammengehörten.[20]

---

16 Ebd. (wie Anm. 7), 115.
17 Ebd. (wie Anm. 7), 118.
18 Ebd. (wie Anm. 7), 118.
19 Vgl. ebd. (wie Anm. 7), 119.
20 Vgl. ebd. (wie Anm. 7), 120.

- Jeder Bischof ist Nachfolger Petri: „der Primat Petri wird übergeben auf gleicher Weise an jeden Bischof, soweit er – da, wo er seinen Sitz hat, – den Dienst der Einheit vollzieht“[21]. Der Dienst an der Einheit der Kirche ist – theologisch gesehen – kein Privileg des Bischofs von Rom, sondern die Aufgabe jedes Bischofs. Die Kommission bejaht aber andererseits, dass „jeder Primat in der Kirche auf dem persönlichen Glaubensbekenntnis Petri beruht, derinnerhalb des Kollegiums der Apostel der Besitzer von besonderen Versprechen ist, die ihm von Christus gemacht wurden, für den Dienst an der ganzen Kirche.“[22] Es ist in der Theologiegeschichte des orthodox-katholischen Dialogs durchaus einmalig, dass orthodoxe Vertreter einen prinzipiellen Primat Petri bejahen; die Kehrseite der Medaille ist genauso überraschend: dass katholische Vertreter akzeptieren, dass dieser Primat Petri *jedem* Bischof zukommt. Der „besondere Primat des Bischofs von Rom“ hat für die Mitglieder des Komitees eher praktische Gründe: Rom war Ort des Martyriums von Petrus und Paulus und die Hauptstadt des Imperiums und damit auch Zentrum der christlichen Einheit.[23]

Insgesamt formuliert das gemeinsame Dokument eine mutige Vision, wobei man einige Tabus bricht und die Komplementarität der zwei Ansätze nahegelegt wird. Den Referenz- und Lösungspunkt bildet dabei der 34. Kanon der Apostel: Damit antizipiert das französische Ergebnispapier das spätere Dokument von Ravenna von 2007. Der Umriss bleibt jedoch, trotz seiner erfrischenden und visionären Art, viel zu allgemein und unpräzise, um damit auch die Konsequenzen dieses Ansatzes für den

21 Ebd. (wie Anm. 7), 122.
22 Ebd. (wie Anm. 7), 122.
23 Ebd. (wie Anm. 7), 122.

dogmatischen Diskurs (wie etwa das Unfehlbarkeitsdogma) herausstellen zu können.

Wertvoll – und zugleich noch nicht eingelöst im gegenseitigen Wahrnehmen der zwei Theologien bis heute – bleibt der Aufruf, man solle eine „gegenseitige Unterscheidungskraft“ entwickeln, bei der die „Andersheit der Ekklesiologie“[24] nicht mehr zum Kriterium des Ausschlusses vom einen, gemeinsamen Erbe werde.

3. Für eine Ethik des Dialogs

Das im Jahr 2004 veröffentlichte Dokument zum Thema Uniatismus[25] ist viel umfangreicher als die erste Publikation, hat jedoch eine ähnliche Struktur: Nach einer dreiteiligen Aufsatzsammlung zur Geschichte des Uniatismus und zur Relevanz des Balamand-Dokuments von 1993 findet sich eine „Schlussfolgerung“, die jedoch nicht unmittelbar thematisch die Frage des Uniatismus ins Zentrum stellt, sondern folgenden Titel trägt: „*Elemente einer Ethik für den katholisch-orthodoxen Dialog*“. Am Ende ist noch eine Stellungnahme der französischen Dialogkommission vom 19. November 1993 abgedruckt, in der das jüngst erschienene Balamand-Papier begrüßt wird.

Wie bei der ersten Publikation soll hier nur das *gemeinsam Getragene*, d. h. der Ergebnisbericht am Ende der Aufsatzsammlung, präsentiert werden. Die Mitglieder geben bereits zu Beginn ein klares Votum für die notwendige Rezeption des Balamand-Dokuments ab, das bekanntlich nicht von allen ortho-

---

24 Ebd. (wie Anm. 7), 121.

25 Comité mixte catholique-orthodoxe en France, Catholiques et orthodoxes: les enjeux de l’uniatisme. Dans le sillage de Balamand, Paris 2004.

doxen Lokalkirchen positiv rezipiert wurde: „Wenn das Dokument von Balamand wirklich rezipiert worden wäre, könnte dies die Geschichte der Orthodoxen und der Katholiken zu einer tiefen Wiederversöhnung öffnen."[26] Vor allem die gegenseitige Anerkennung der Schwesterkirche wird als Mittelpunkt oder als wichtigstes Ergebnis dieses Dokuments erachtet.

Der Appell zur gemeinsamen Erarbeitung einer *Ethik des Dialogs*[27] entsteht aus der Einsicht der Vertrauensbrüche und schmerzvollen Erfahrungen, welche die Geschichte des Uniatismus in beiden Kirchen ausgelöst haben. Was ist mit einer Ethik des ökumenischen Dialogs gemeint? Das Dokument nennt und detailliert mehrere Teilaspekte einer solchen Ethik, die in Form von Thesen formuliert werden:

1. *„Eine Ethik des christlichen Erfahrungsaustausches"*[28]: Nur eine ständige Metanoia ist die Basis für die Erfahrung des Lebens in Christus; der existentielle Austausch dieser geistigen Erfahrung der Umkehr stellt wiederum die Basis für jede christliche Dialogethik dar.
2. *Eine „rigorose intellektuelle Ehrlichkeit pflegen, durch unermüdliches Arbeiten"*[29]: Ehrlichkeit als theologischer Grundbegriff und als Grundvoraussetzung des Dialogs wird auf unterschiedlichen Ebenen ausdifferenziert: *auf sprachlicher Ebene* bedeutet sie die Bereitschaft, Begriffe zu klären, sie in den richtigen Kontext zu setzen und vor allem sich mit der Terminologie der Theologie des jeweils anderen vertraut zu

---

[26] Comité mixte catholique-orthodoxe en France, Conclusion. Éléments pour une éthique du dialogue catholique-orthodoxe, in: Catholiques et orthodoxes: les enjeux de l'uniatisme. Dans le sillage de Balamand, Comité mixte catholique-orthodoxe en France, Paris 2004, 413.

[27] Vgl. ebd.,414, 423–424.

[28] Ebd., 414.

[29] Ebd., 415.

machen. Auf *symbolischer Ebene* setzt eine solche Ehrlichkeit die Kenntnis der unterschiedlichen Symbolsprachen (Ikonen, Statuen, Architektur, unterschiedliche kulturelle Symbole) voraus. Aus *kanonischer Sicht* erfordert sie die Unterscheidung von Kategorien wie Akribeia und Oikonomia. Schließlich muss eine Ehrlichkeit im Dialog auch imstande sein, *kulturelle, nationale und ekklesiale Sensibilitäten* zu beachten und lokale Dialoglösungen nicht zu verallgemeinern.

3. *„Lernen, die gemeinsame und getrennte Geschichte gemeinsam zu lesen“*[30]*:* Die zentrale Rolle einer neuen Lektüre und Hermeneutik der Geschichte wurde bereits in der ersten Publikation der französischen Kommission thematisiert. Im Rahmen jenes programmatischen Papiers zur Ethik des Dialogs wird dieser Aspekt weiter vertieft. Es werden u. a. konkrete Vorschläge zu einer objektiveren Relektüre der Geschichte gemacht: die gemeinsame Herausgabe von Kirchengeschichtsbüchern, die Selbstverpflichtung, die jeweils anderen auch gemäß ihrem Selbstverständnis zu sehen.
4. *„Die eigenen Fehler anerkennen und durch Buße überwinden“*[31]*:* Die bereits im ersten Punkt angesprochene Frage der Umkehr wird vor dem Hintergrund der Geschichte der Trennung noch einmal thematisiert: Beide Seiten sollten bereit sein, in der eigenen Kirche die Fehler einzugestehen, die zu Konflikten geführt haben. Konkret hieße es im Falle der Streitigkeiten um die Kircheneigentümer, dass man – trotz der komplizierten juridischen Lage – eine Solidarität pflegen sollte, damit beide Seiten ihre liturgischen Feiern vollziehen können.

---

[30] Ebd, 417.

[31] Ebd., 419.

5. *„Sich gemeinsamen der Wahrheit unterordnen“*[32]: Das Dokument vertieft auch in den weiteren Punkten den Aufruf zu einer inneren spirituell bestimmten Neuaufrichtung des Dialogs. Angesichts gemeinsamer Herausforderungen gilt es, auf die Selbstgenügsamkeit zu verzichten und gemeinsam Antworten zu finden. Das sollte so weit führen, dass auch tabuisierte Themen wie der Übertritt von einer Kirche zu einer anderen durch das Formulieren von gemeinsamen Leitlinien begleitet werden sollten.

Das Dokument schließt – auch als Echo der ersten Publikation von 1994–mit dem Aufruf, die Gegenseitigkeit zwischen Primat und Konziliarität in der eigenen Kirche auf allen Ebenen (34. Kanon der Apostel) zu verwirklichen, und mit der hoffnungsvollen Perspektive, dass die Gemeinsamkeiten (Sakramente, Heiligenverehrung, Liturgie, Glaube der sieben ökumenischen Konzile) viel stärker sind als die Trennungsmerkmale.[33]

Trotz der sehr zuversichtlichen Haltung und der spirituellen Herangehensweise bleibt das Dokument über eine „Ethik des Dialogs“ viel zu schwammig, unsystematisch und erfüllt nicht die theologischen Erwartungen, die mit einem solchen Titel und Anspruch geweckt werden. Es hat – im Vergleich mit dem gemeinsamen Text über den Primat von 1991–auch nicht den theologischen Mut, konkrete Vorschläge zu formulieren. Der schwammige Charakter hat auch damit zu tun, dass die Problemlage nicht klar thematisiert wird: Sind hier die pastoralen oder die juristischen Fragen rund um Kircheneigentümer das Hauptproblem, das man lösen will – oder ist es das historisch komplexe Problem des Uniatismus? Vermutlich be-

[32] Ebd., 421.

[33] Vgl. ebd., 424–425.

absichtigte man, – neben dem Dokument von Balamand – eine geistige Lese- und Arbeitshilfe zu bieten, bei der man in der Debatte um den Uniatismus beide Seiten zu einer inneren Umkehr und damit zur Einsicht aufruft. Letztendlich benennt der Text einige Aspekte einer „geistlichen Ökumene", die schon in „Unitatis Redintegratio" erwähnt werden (Metanoia, Demut, Wahrheitszuwendung, gegenseitiges Wahrnehmen im Zeichen der Liebe Gottes usw.), schafft es jedoch nicht, das Ethisch-Normative eines ökumenischen Dialogs herauszuarbeiten.

Die Notwendigkeit einer Ethik des ökumenischen (in diesem Falle des orthodox-katholischen) Dialogs bleibt jedoch im Raum. Sie ist richtig erkannt worden. Sie würde in erster Linie eine theologisch begründete und assumierte Selbstverpflichtung beider Kirchen (und ihrer Bischöfe und TheologInnen) bedeuten, alles ihnen Mögliche zu tun, damit die Glaubens- und Sakramentengemeinschaft wiederhergestellt wird. Die Rede von einer Ethik des Dialogs darf jedoch nicht als spirituell-begrifflich angehauchte, euphemistische Paränese einer routinierten Ökumene verwendet werden, die um ihre weitere Zukunft nicht mehr weiß und deswegen nur noch Verhaltensregeln des Miteinanders und fromme Sprüche formulieren kann. Ein solches minimalistisches Verständnis kann den Mitgliedern des französischen Ausschusses nicht unterstellt werden. Ihr Text zeigt jedoch auch die Verlegenheit, mit der man – selbst in einer regionalen Dialoggruppe – zu kämpfen hat, wenn ein sensibles Thema wie der Uniatismus angegangen wird.

Trotz dieser Kritik sind die zwei Publikationen und vor allem die konsequente, langjährige Arbeit des „Katholisch-Orthodoxen Ausschusses in Frankreich" ein Vorbild, das zeigt, wie eine regionale ökumenische Institution theologische Früchte hervorbringen kann, die für die ganze Kirche relevant sind.

Kyivan Church Study Group – „Studiengruppe der Kiewer Kirche"

Sergii Bortnyk

1. Geschichtliche Hintergründe (Brester Union, Lwiw Sobor, Legalisierung)

Die oben genannte Gruppe war eine wichtige Einrichtung im Rahmen des interkonfessionellen christlichen Dialogs in der Ukraine. Sie hatte jedoch mehrere Besonderheiten, vor allem einen inoffiziellen Charakter in Bezug auf die Teilnehmer. Der Titel „Kiewer Kirche" (auf Englisch „Kyivan Church") weist auf eine Verbindung mit der Kiewer Metropolie hin, die seit der Taufe der Bevölkerung auf dem Territorium vor allem der heutigen Ukraine existiert. Der Ursprung dieser Kirche liegt in der Christianisierung der slawischen Völker unter Prinz Volodymyr Swjatoslawowytsch und ist mit der offiziellen Volkstaufe des Jahres 988 in Kiew fest verbunden.

Die Hauptidee der Gruppe bestand im Bemühen um Einigung zwischen verschiedenen lokalen orthodoxen und katholischen Kirchen der Ukraine, die ihren eigenen Ursprung in dieser Volkstaufe sehen. Der wichtigste Beteiligte am Prozess war die Ukrainische Griechisch-Katholische Kirche (UGKK), die 1989, noch in der damals existierenden Sowjetunion, legalisiert wurde. Dies geschah nach dem Treffen des damaligen Präsidenten der Sowjetunion, Michail Gorbatschow, mit Papst Johannes Paul II im Vatikan am 1. Dezember 1989.

Die Möglichkeit einer freien Existenz der Kirchen änderte die religiöse Landschaft der Ukraine, denn seit dem Konzil von

Lemberg (Lwiw Sobor) von 1946 war die UGKK in der sowjetischen Ukraine offiziell verboten, also 43 Jahre lang. In der Fachliteratur wird dieses Konzil oft „Pseudo-Sobor“ genannt, da die Entscheidung seiner Teilnehmer zur Einigung mit der Russischen Orthodoxen Kirche unter dem Druck der politischen Machthaber geschah und unter nichtkanonischen Bedingungen getroffen wurde.

Der Lwiw Sobor fand nach dem Zweiten Weltkrieg statt, als Galizien, wo die Mehrheit der ukrainischen griechisch-katholischen Christen lebte, in die Sowjetunion integriert wurde (der Anschluss fand bereits 1939 statt, aber wegen der Kriegswirren waren die Möglichkeiten des sowjetischen Regimes auf diesem Territorium begrenzt). Der Sobor brachte eine große Spannung in die Beziehungen zwischen der orthodoxen und katholischen Kirche. Geschichtlich gesehen war der Lwiw Sobor eine Antwort auf das Konzil von Brest im Jahre 1596. Damals beschlossen die Bischöfe der Kiewer Metropolie, sich der Römisch-Katholischen Kirche anzuschließen. Diese Entscheidung wurde von größeren Gruppen der orthodoxen Bevölkerung nicht akzeptiert, was in Folge zu einer Trennung und zur späteren Entwicklung von parallelen Hierarchien führte.

Die drei genannten Daten – Brester Union 1596, Lwiw Sobor 1946 und Legalisierung der UGKK 1989–stellen einen geschichtlichen Spannungsbogen dar, der im Zentrum der kirchengeschichtlichen Forschung der Studiengruppe der Kiewer Kirche steht. Die Hauptaufgabe der Studiengruppe bestand darin, zu forschen, inwieweit die „Kiewer Kirche“ als eigene Struktur existieren könnte, die gleichzeitig mit Rom und mit Konstantinopel in eucharistischer Gemeinschaft stehen würde. Oder aus der anderen Perspektive: ob die Ukrainische Griechisch-Katholische Kirche, die mit Rom uniert ist, gleichzeitig direkte Kontakte bis hin zur eucharistischen Gemeinschaft mit der orthodoxen Kirche der Ukraine entwickeln könnte, die zur Familie der orthodoxen Kirchen gehört und in Einheit mit dem Ökumenischen Patriarchat von Konstantinopel steht. Das erinnert uns an die Zeit der Brester Union von 1596, als damals die Hierarchen der Kiewer Metropolie zwischen Rom und Konstantinopel wählen mussten. Damals stand die heutige Ukraine unter dem Einfluss Polens, und der russische Faktor spielte keine Rolle.

2. „Uniatismus", Stolperstein für die Ökumene

Um den breiteren Kontext der Studiengruppe besser zu verstehen, muss man hier daran erinnern, dass seit 1979 die Gemeinsame Internationale Kommission zum Theologischen Dialog zwischen den Römisch-Katholischen und Orthodoxen Kirchen existiert. Bis 1990 nahm man sich der verbindenden Themen „Das Geheimnis der Kirche und der Eucharistie im Licht des Geheimnisses der Heiligen Dreifaltigkeit“ (München 1982), „Glaube, Sakramente und Einheit der Kirche“ (Bari 1987) und „Das Weihesakrament in der sakramentalen Struktur der Kirche, insbesondere die Bedeutung der Apostolischen Sukzession für die Heiligung und die Einheit des Volkes Gottes“ (Valamo 1988) an.

Im Laufe der folgenden zehn Jahren erlebte diese Kommission jedoch eine Krise, die gerade mit dem Thema der unierten Kirchen in Verbindung stand.[1] Von 1990 bis 2000

[1] Andriy Chirovsky formuliert dies wie folgt: „Instead [of the issue of the papacy and its role], the dialogue veered completely off course and became completely absorbed by the issue of ‚uniatism‘ (in this particular case meaning the existence of Eastern Catholic Churches, their origins and future destiny), vgl. Chirovsky, Andriy/Hayda, Roman: Kyivan Church Study Group, an ecumenical dialogue team for our times, in: The Ukrainian Weekly, September 12, 37 (2004), Vol.

gab es drei Kommissionstreffen, die dem Thema des „Uniatismus“ gewidmet waren: Im Juni 1990 fand eine Tagung in Freising bei München zum Thema „Uniatismus“ statt; im Juni 1993 eine Tagung in Balamand (Libanon) zum Thema „Der Uniatismus – eine überholte Unionsmethode – und die derzeitige Suche nach der vollen Gemeinschaft“ und im Juli 2000 eine Tagung in Baltimore (USA) zum Thema „Ekklesiologische und kanonische Voraussetzungen des Uniatismus“. Das Thema der Entstehung der unierten Kirche war für einige Länder des südöstlichen Europas (unter anderem für Rumänien und die Slowakei) aktuell, aber besonders spannend war die Situation in der Ukraine, die seit 1686 zum „kanonischen Territorium“ der Russischen Orthodoxen Kirche gehört[2].

Hier wird deutlich, dass im letzten Jahrzehnt des 20. Jahrhunderts das Thema der Existenz der mit Rom unierten Kirchen eine Wirkung auf die Tagesordnung der genannten Kommission hatte. Es ist auch bekannt, dass die Russisch-Orthodoxe Kirche einer der wichtigsten Partner im ökumenischen Dialog mit der Katholischen Kirche war. Seit 1990 erhob das Moskauer Patriarchat Vorwürfe in Bezug auf das „Zerschlagen von drei orthodoxen Eparchien“[3] (gerade in Galizien, wo sowohl geschichtlich als auch aktuell die UGKK am stärksten war und ist). Das „Zerschlagen“ war die Kehrseite der Wiedererrichtung dieser Kirche aus jenen Gemeinden, die das Moskauer Patriarchat verlassen

LXXII, in: http://www.ukrweekly.com/old/archive/2004/370422.shtml (zuletzt abgerufen am 25.01.2018).

2 Dieser Wechsel der Zugehörigkeit von Konstantinopel zu Moskau wird von mehreren Forschern in Frage gestellt.

3 Unter dieser Redewendung auf Russisch („разгром трех православных епархий“) gibt es im Internet mehrere Hinweise auf Interviews von Metropolit Hilarion (Alfeyev), dem Vorsitzenden des Außenamtes der Russisch-Orthodoxen Kirche.

wollten, und stellt immer noch ein wichtiges Problem im gesamten orthodox-katholischen Dialog dar.

Die Entstehung der „Studiengruppe der Kiewer Kirche“ war eine Antwort auf das Problem des Uniatismus. Man muss aber bedenken, dass diese Gruppe keine Beziehung zur Russischen Orthodoxen Kirche hatte. Ihr Hauptaugenmerk lag in der Geschichte und sie baut in erster Linie auf der Achse Rom-Konstantinopel auf. Hierin besteht m. E. die größte Schwierigkeit, die erklärt, warum diese Gruppe nicht so lange aktiv existierte. Ab 1992 entwickelte sich in der Ukraine, zu der dieses Problem vor allem geographisch gehört, ein Schisma innerhalb der orthodoxen Kirche (Moskauer und Kiewer Patriarchate), das die Frage nach dem Nationalismus und der Einstellung zu den Erben der Sowjetunion fokussierte. Die besagte Spaltung existiert bis jetzt und stellt das größte Problem der religiösen Landschaft der Ukraine dar.

3. Wichtige Quellentexte

All diese Überlegungen helfen dabei, den Kontext der Arbeit der „Studiengruppe der Kiewer Kirche“ darzustellen. Nach dem Exkurs möchte ich die Arbeit jener Gruppe konkret und detaillierter beschreiben. Insbesondere lohnt es sich, die wichtigsten Quellen zu nennen, die vor allem auf Ukrainisch und Englisch zugänglich sind. Zu jenen gehört die Zeitschrift „Kovtscheg“ (in kyrillischer Schreibweise „Ковчег“, was auf Deutsch „Arche“ bedeutet), die in zwei Bänden von 2000 und 2001 mehrere Beschreibungen und analytische Artikel zu diesem Thema beinhaltet[4]. Besonders hilfreich ist hier der Artikel

[4] Der Untertitel der Zeitschrift lautet „Wissenschaftliche Sammlung aus der

von Taras Gryntschyschyn: „Zur Geschichte der Studiengruppe der Kiewer Kirche“[5].

Nicht weniger aktuell ist die Zeitschrift „Logos“, die vom „Metropolitan Andrey Sheptytsky Institute of Eastern Christian Studies“ (St. Michael’s College, University of Toronto, Kanada) herausgegeben wird. Hier gibt es aus den Jahren 1994 und 1995 einige Nummern, die mehrere Vorträge, Antworten und Kommentare der Konsultationen der Studiengruppe enthalten[6].

4. Die Konstitution der Studiengruppe der Kiewer Kirche

Taras Gryntschyschyn präsentiert in seinem Artikel die Tabelle aller Teilnehmer[7] der Studiengruppe – zu ihnen zählen insgesamt zwölf orthodoxe Hierarchen und Theologen und 15 griechisch-katholische Hierarchen und Theologen[8]. Von August 1992 bis April 1996, die dementsprechend den Anfang

---

Kirchengeschichte“. Sie wird vom Institut für Kirchengeschichte der jetzigen Ukrainischen Katholischen Universität (damals Lwiw Theologische Akademie) herausgegeben.

[5] Auf Ukrainisch Гринчишин, Тарас, До історії Студійної групи Київської Церкви, in: Ковчег. Науковий збірник із церковної історії 3 (2001) Львів, 417–447. Für diese Arbeit führte der Autor mehrere Interviews mit den Teilnehmern der Studiengruppe, die hier zum ersten Mal erwähnt wurden. Das macht den Artikel besonders aktuell.

[6] Vgl. https://www.sheptytskyinstitute.ca/volume-34-1993-nos-1-2-table-of-contents/, https://www.sheptytskyinstitute.ca/volume-34-1993-nos-3-4-table-of-contents/, https://www.sheptytskyinstitute.ca/volume-35-1994-nos-1-4-table-of-contents/ und https://www.sheptytskyinstitute.ca/volume-36-1995-nos-1-4-table-of-contents/ (zuletzt abgerufen am 25.01.2018).

[7] Vgl. Гринчишин, До історії (wie Anm. 6), 438–439.

[8] Gryntschyschyn bemerkt auch, dass neun von 27 Teilnehmern ethnisch keine Ukrainer waren, vgl. ebd. (wie Anm. 6), 418.

und das Ende des Dialogs markierten, gab es insgesamt sieben Konsultationen, bei denen zwischen vier und sieben orthodoxe und zwischen fünf und zehn griechisch-katholische Teilnehmer anwesend waren.

Geographisch gesehen waren die Versammlungsorte ganz unterschiedlich: Oxford (Großbritannien), zweimal Stamford (USA), Ottawa (Kanada), Chevetogne (Belgien), Rom (Italien) und Istanbul (Türkei). Trotz der Versuche, in Kiew eine Konsultation zu organisieren, war dies nicht möglich, weil dort die Prozesse sowohl in den orthodox-katholischen als auch in den innerorthodoxen Beziehungen turbulent waren.

Auf der orthodoxen Seite gab es zwei Bischöfe, die sowohl hinsichtlich der Häufigkeit ihrer Teilnahme als auch bezüglich ihres Engagements als Vortragende am aktivsten waren. Insbesonders war das Kallistos Ware, Bischof von Diokleia (Oxford, Großbritannien), Vertreter des Ökumenischen Patriarchates von Konstantinopel. Seine Vorträge „The Church of God: Our shared vision“[9], „Towards an Orthodox appreciation of the Roman papacy“[10] und „Whether schism between East and West was sometimes completely fulfilled?“[11] waren theologisch gesehen wichtige Beiträge für die Problembehandlung auf höherem akademischem Niveau.

Der andere orthodoxe Bischof, der aktiv an den Konsultationen teilnahm, war Vsevolod Majdansky, Erzbischof von Scopelos, der zur Ukrainischen Orthodoxen Kirche in den USA (im Rahmen des Ökumenischen Patriarchats von Konstantino-

---

[9] Vgl. Ware, Kallistos: The Church of God: Our shared vision, in: Logos 34 (1–2) (1993), 10–29; auch auf Ukrainisch: Вейр, Калліст: Ьожа Церква: бачення, яке ми поділяємо, ин: Ковчег 2 (2000) 410–421.

[10] Vgl. Ware, Kallistos: Towards an Orthodox appreciation of the Roman papacy, in: The Ukrainian Weekly 61 (2) (1993), 10.I.

[11] Vermutlich wurde jener Vortrag nie in dieser Form veröffentlicht.

pel) gehörte. Seine Beiträge waren den folgenden Themen gewidmet: „Does the restoration of communion between Constantinople and the Greek-catholic Church of Kiev require a break of communion with Rome?“[12], „Patriarch and Pope: different levels of Roman authority“[13], und „ Divisions and healings: Brest and beyond“[14].

Außer diesen beiden Bischöfen gab es noch zehn Teilnehmer, u. a. Vertreter des Ökumenischen Patriarchats von Konstantinopel, Archimandrit Ephrem Lash und Erzpriester Emmanuel Clapsis. Nur sporadisch nahmen die Vertreter der russischen Tradition der Orthodoxie, Prof. Nicholas Ozolin und der Priester Theodore Van der Voort, teil.

Alle anderen orthodoxen Teilnehmer waren Vertreter der drei unterschiedlichen „ukrainischen“ Jurisdiktionen außerhalb der Ukraine. Zu ihnen gehörten Anthony Ugolnik, Priester der „Ukrainischen Orthodoxen Kirche in Amerika und Kanada“, drei Vertreter der „Ukrainischen Orthodoxen Kirche in Kanada“ (Erzpriester Oleh Krawchenko, Erzpriester Ihor Yuriy Kutash und Prof. Roman Yereniuk), zwei Vertreter der „Ukrainischen (Autokephalen) Orthodoxen Kirche in den USA“ (Erzbischof Anthoniy Scherba und Archimandrit Andriy Partykevich).

Die Teilnehmer seitens der Ukrainischen Griechisch-Katholischen Kirche zeigten sich insgesamt aktiver. Sechs von ihnen waren bei fünf bis sieben Konsultationen der Studien-

---

[12] Vgl. Majdansky, Vsevolod: Does the restoration of communion between Constantinople and the Greek-catholic Church of Kiev require a break of communion with Rome? in: Logos 34 (1993), 152–171.

[13] Vgl. Majdansky, Vsevolod: Patriarch and Pope: different levels of Roman authority, in: Logos 35 (1994), 239–255.

[14] Vgl. Majdansky, Vsevolod: Divisions and healings: Brest and beyond, in: Logos 36 (1995), 133–151.

gruppe zugegen. Von insgesamt fünf Bischöfen war es aktiv nur Bischof Basil Losten von Stamford, der allgemein sehr viel zur Organisation der Konsultation beigetragen hat[15]. Zu seinen veröffentlichten Texten zählen „The Roman Primacy and the Church of Kiev“[16] und „Patriarch and Pope: different levels of Roman authority“[17].

Bemerkenswert war auch die Teilnahme von Erzpriester Dr. Andriy Chirovsky, dem Gründer und Direktor des Instituts für Ostchristliche Studien an der Saint-Paul-Universität von Ottawa (Heute am Saint Michael's College an der Universität von Toronto) und Chef-Redakteur der Zeitschrift „Logos“. Gerade in dieser Zeitschrift sind die meisten Beiträge der Konsultationen veröffentlicht worden. Seine eigenen Beiträge waren: „‚Sister-Churches‘: ecumenical terminology in search of content“[18] und „Towards an ecclesial self-identity for the Ukrainian Greco-Catholic Church“[19]. In seinem Artikel meint Ihor Shaban, dass die Idee der Schwesterkirchen zu den wichtigsten Prioritäten der Studiengruppe gehöre[20].

Unter den treuesten Teilnehmenden seitens der Griechisch-Katholischen Kirche befanden sich auch Archimandrit

---

[15] Zusammen mit Vsevolod Majdansky waren sie beide Mitorganisatoren der ersten Konsultation.

[16] Vgl. Losten, Basil: The Roman Primacy and the Church of Kiev, in: Logos 34 (1993), 70–106.

[17] Vgl. Losten, Basil: Patriarch and Pope: different levels of Roman authority, in: Logos 35 (1994), 201–238.

[18] Vgl. Chirovsky, Andriy: „Sister-Churches“: ecumenical terminology in search of content, in: Logos 34 (1993), 396–421.

[19] Vgl. Chirovsky, Andriy, Towards an ecclesial self-identity for the Ukrainian Greco-Catholic Church, in: Logos 35 (1994), 83–123.

[20] Vgl. шабан, Ігор: Еклезіологічні пріоритети Студійної групи Київської Церкви [Ekklesiologische Prioritäten der Studiengruppe der Kiewer Kirche], in: Ковчег 3 (2001), 448–459.

Serge (Keleher)[21], Archimandrit Boniface (Luykx)[22], Erzpriester Peter Galadza und Priester Andriy Onuferko[23]. Sie nahmen an fünf bis sieben Konsultationen teil, lieferten jedoch nicht regelmäßig Beiträge.

Interessant ist auch, dass einige Teilnehmer seitens der UGKK ihre jurisdiktionelle Zugehörigkeit davor oder danach wechselten. Serge Keleher gehörte zunächst zur Römisch-Katholischen Kirche, dann wechselte er zur Orthodoxen Kirche und schließlich zur UGKK. Boniface (Luykx) kam von der Römisch-Katholischen Kirche direkt in die UGKK. Graham Woolfenden gehörte zunächst den Anglikanern an, dann wechselte er zur Römisch-Katholischen Kirche und dann zur Russischen Orthodoxen Kirche. Den Wechsel zunächst von der Russischen Kirche zur UGKK und dann wieder zu Ersterer vollzog auch Mykola Makar.

5. Aufgaben und Ziele der Studiengruppe

Im August 1994, erst bei der fünften Konsultation (in Chevetogne, Belgien), formulierte die Studiengruppe ihre Aufgaben und Ziele[24]. Vor allem steht hier der Aufbau der Beziehungen der Liebe und wachsenden Zusammenarbeit zwischen der

---

[21] Sein Beitrag „The Freising, Ariccia and Balamand Statements: an analysis“ wurde in: Logos 34 (1993), 364–387 veröffentlicht.

[22] Sein Beitrag „Thirty years later: reflections on Vatican's ‚Unitatis Redintegratio‘ and ‚Orientalium Ecclesiarum‘“ wurde in: Logos 34 (1993), 364–387, veröffentlicht.

[23] Sein Beitrag „The new code of canons of the Eastern Churches: ecclesiological presuppositions“ wurde in: Logos 35 (1994), 133–168, veröffentlicht.

[24] Vgl. Kievan Church Study Group. Composition, Aims, and Purposes, in: Logos 36 (1995), 268–270 und auch auf Ukrainisch: Студійна група Київської Церкви. Склад, мета і цілі, in: Ковчег 3 (2001), 443–444.

UGKK und dem Ökumenischen Patriarchat von Konstantinopel im Zentrum, Letzteres wird als „Mutterkirche“ bezeichnet[25].

Weiters findet sich eine interessante Bemerkung: nämlich, dass die Geschichte der Kirche im ersten Jahrtausend eine normative Natur besitzt, obwohl die Entwicklung während des zweiten Jahrtausends als gerechtfertigt gesehen wird[26]. Darin liegt ein deutlicher Unterschied zur Position von Kardinal Joseph Ratzinger, der meinte, dass in der Annäherung der orthodoxen Christen und Roms nur diejenigen Normen verbindlich seien, die im Rahmen des ersten Jahrtausends, also bis zum Schisma 1054, akzeptiert worden seien. Aber wie schon angemerkt, konzentrierte sich die Arbeit der Studiengruppe auf die späteren Ereignisse, besonders auf die Brester Union 1596.

Als Ziele der Studiengruppe wurden u. a. das Streben nach gegenseitigem Verständnis und gegenseitiger Entschuldigung, die Beforschung der theologischen und geschichtlichen Fragen, die Unterstützung der praktischen Bemühungen um Kooperation in der theologischen Ausbildung genannt[27].

6. Abgrenzungen und Zuneigungen

Bemerkenswert sind zwei Abgrenzungen, was die Teilnahme an der Studiengruppe betrifft. Die Teilnahme sowohl russisch-orthodoxer als auch der römisch-katholischen Theologen war nicht möglich, da die Arbeit der Gruppe auf „eine innere Frage

---

[25] Vgl. Студійна група Київської Церкви. Склад, мета і цілі [Studiengruppe der Kiewer Kirche. Bestand, Aufgaben und Ziele], in: Ковчег 3 (2001), 443.

[26] Ebd. (wie Anm. 26), 444.

[27] Ebd. (wie Anm. 26).

der Kiewer Kirche und von Konstantinopel" fokussierte[28]. M. E. stellt diese Entscheidung ein Problem dar, weil – wie schon erwähnt – die Wiederbelebung der Griechisch-Katholischen Kirche in der Ukraine ein Hindernis für die Arbeit der Gemeinsamen Internationalen Kommission auf Weltebene war.

In ihrer Beziehung zu Rom war die Gruppe jedoch nicht so eindeutig, was sich besonders bei der sechsten Konsultation zeigte. Am 27. Juni 1995 hatte die Studiengruppe eine Audienz bei Papst Johannes Paul II. und am nächsten Tag ein Treffen mit Bartholomaios, dem Ökumenischen Patriarchen von Konstantinopel. Obwohl nicht alle Mitglieder der Studiengruppe an den Audienzen teilnahmen, ist es gerechtfertigt, von einer segensreichen Arbeit, die sowohl von Rom als auch von Konstantinopel geschätzt wurde, zu sprechen.

7. Verschiedene ekklesiologische Prioritäten

Durch die Analyse der Konsultationen kann man die ekklesiologischen Prioritäten beider Seiten erkennen. Taras Gryntschyschyn erstellte eine Liste der gemeinsamen und unterscheidenden Aspekte. Zur ersten Gruppe gehört das Verständnis der Kirche als „vor allem eucharistische Gemeinschaft"; die Gemeinschaft der Kirche benötige keine obligatorische Einigung der kirchlichen Strukturen; anstatt „romzentrisch" und hierarchisch zu sein, solle sich die Weltkirche auf die Prinzipien der Konziliarität/Sobornost orientieren[29].

Die Unterschiede betreffen vor allem das Verständnis des Papstprimats und der Interpretation der Kirchengeschichte seit

---

28 Гринчишин, До історії (wie Anm. 6), 422.

29 Vgl. ebd. (wie Anm. 6), 425.

dem 16. Jahrhundert. Die Griechisch-Katholische Seite bestätigte, dass der Papst administrative Macht in der Kirche habe, dass die Unfehlbarkeit des Papstes zur Lehre der Kirche gehören könne, da sie die Unfehlbarkeit der Kirche widerspiegele; außerdem sei die Brester Union 1596 ein Versuch, die Reformen allgemein einzuführen und die Probleme der Kiewer Kirche konkret zu lösen.

Umstritten war in der Studiengruppe auch die Frage der Einstellung zum Moskauer Patriarchat. Für die unierte Seite war diese nicht Nachfolgerin der Kiewer Kirche, sondern ihre „Tochterkirche". Logische Folgerung daraus war das Recht von Konstantinopel, der Kiewer Kirche Autokephalie (kirchliche Unabhängigkeit) zu schenken, ohne andere Lokalkirchen, vor allem die Russische Kirche, vorher fragen zu müssen[30].

Wie schon bemerkt, dauerte die aktive Phase der Studiengruppe nur bis 1996. Man kann vermuten, dass der umstrittene Charakter des Papstprimats für die orthodoxe Ekklesiologie ein wichtiger theologischer Grund war[31]. Die siebte Konsultation im April 1996 in Istanbul stellte das letzte Treffen der Studiengruppe dar. Am Ende des 20. Jahrhunderts waren die Realitäten der interkonfessionellen Existenz in Diaspora viel stabiler und ruhiger als in der Ukraine selbst. Auf der anderen Seite war es für die Studiengruppe der Kiewer Kirche unmöglich, ihre Arbeit in Kiew selbst und allgemein in der Ukraine zu leisten. Diese Tatsache stellte die Sinnhaftigkeit der Weiterführung der Studiengruppe in Frage.

---

[30] Vgl. ebd. (wie Anm. 6), 426.

[31] Diese Meinung vertritt Taras Gryntschyschyn. Seiner Einschätzung nach gelang es der Gruppe nicht, das gemeinsame Verständnis zu erzielen, dass UGKK in eucharistischer Gemeinschaft mit den orthodoxen Kirchen sein könnte, und zwar ohne die Notwendigkeit, die Lehre des Ersten Vatikanischen Konzils abzulehnen, vgl. ebd. (wie Anm. 6), 431.

8. Die Idee der „Kiewer Kirche"

Aber neben der Existenz der Studiengruppe an sich kann man auch die Existenz der Idee einer „Kiewer Kirche" sehen. Hier gab es mit der Zeit deutliche Änderungen, und es lohnt sich m. E., diese kurz zu erwähnen. Vor allem betrifft das die Ukrainische Griechisch-Katholische Kirche. Im April 2004, unter der Leitung des Vorsitzenden dieser Kirche, Lubomyr Husar, wurden die leitenden Strukturen der besagten Kirche von Lwiw/Lemberg nach Kiew verlegt. Dabei hielt Großerzbischof Husar eine Rede mit dem Titel „Ein Gottesvolk auf den Kiewer Bergen". Diese Rede wurde gerade dadurch bekannt, dass hier ein Konzept der Einigung der Kirchen der „Kiewer Tradition" erneut vorgeschlagen wurde[32].

Ein wichtiger Schritt war auch die „Ökumenische Konzeption der UGKK", die im Dezember 2015 veröffentlicht wurde. Hier gibt es ein spezielles Kapitel: „Die vereinigte Kiewer Kirche und ihre ökumenische Bedeutung"[33]. Dazu kommt die Buchreihe „Das Kiewer Christentum und unierte Tradition", innerhalb welcher im Jahr 2017 elf Bände veröffentlicht wurden[34].

---

[32] Vgl. Любомир Гузар, Один Ьожий народ на Київських горах, in: https://risu.org.ua/ua/index/resourses/church_doc/ugcc_doc/34078/ (zuletzt abgerufen am 24.01.2018).

[33] Vgl. Kapitel 2.2. als „theologische Grundlagen" in: Екуменічна концепція УГКЦ unter: http://ugcc.ua/documents/kontseptsiya_ekumenichnoi_pozitsii_ukrainskoi_grekokatolitskoi_tserkvi_75625.html (zuletzt abgerufen am 24.01.2018).

[34] Vgl. Глава УГКЦ презентував науковий проект, основна мета якого – глибше дослідження історії Київського християнства [Das Haupt der UGKK stellte das wissenschaftliche Projekt vor, dessen Ziel die genauere Erforschung der Geschichte des Kiewer Christentums ist], in: http://news.ugcc.ua/video/glava_ugkts_prezentuvav_naukoviy_proekt_yakiy_poklikaniy_krashche_dosliditiistoriyu_kiivskogo_hristiyanstva_80496.html (zuletzt abgerufen am 24.01.2018).

Ähnliche Prozesse waren auch im Rahmen der Ukrainischen Orthodoxen Kirche zu sehen, vor allem von 2008 bis 2014 beim ehemaligen Metropoliten von Kiew und der ganzen Ukraine, Volodymyr Sabodan (†2014). Von mehreren Texten kann man sein „Geistliches Testament“[35] und den Beitrag „Gedächtnis an das neue Jerusalem: Kiewer Tradition“[36] nennen.

Die „Kiewer Idee“ gehört auch zur Identität der Ukrainischen Orthodoxen Kirche des Kiewer Patriarchats. Obwohl diese kirchliche Struktur von der Weltorthodoxie nicht anerkannt ist, hat sie eine tiefe Verankerung in der Idee der unabhängigen Ukraine. Die Befreiung von den russischen Einflüssen und die Fokussierung auf eine selbstständige Entwicklung der eigenen Tradition bilden die ideologische Stütze dieser Kirche.

Seit 2014 schwelt in der Ostukraine ein militärischer Konflikt, der die Charakterzüge des inneren Konflikts mit der äußeren Einmischung seitens der Russischen Föderation hat. Trotz mehrerer Probleme brachte er die Verstärkung der Einigungsprozesse der ukrainischen Gesellschaft und damit auch den Anstoß zur Absonderung von den russischen Einflüssen und die Einigung der traditionellen Kirchen der „Kiewer Tradition“ mit sich.

Hier gibt es mehrere Spannungen und Unklarheiten, aber der Autor dieses Aufsatzes kennt einige führende ukrainische

---

[35] Vgl. Духовний заповіт, in: Блаженніший митрополит Володимир (Сабодан) [Metropolit Volodymyr Sabodan]. Доповіді, звернення, промови [Beiträge, Reden, Anreden]. Band XI, Kyiv 2014, 5–21.

[36] Vgl. Блаженніший митрополит Володимир (Сабодан). Память о новом Иерусалиме: Киевская традиция, in: K.B. Sigov (Hg.), Память и надежда: горизонты осмысления и пути осознания [Gedächtnis und Hoffnung: Horizonte des Verständnisses und Wege des Begreifens], Kyiv, 2010, 7–11; in elektronischer Form unter: http://bogoslov-club.org.ua/?p=627 (zuletzt abgerufen am 25.1.2018).

Theologen und ältere Vertreter der „Studiengruppe der Kiewer Kirche“, die sich heutzutage um eine Wiederbelebung dieser Gruppe bemühen. Insgesamt gibt es Hoffnung, dass durch jene politischen und „nichttheologischen“ Faktoren die Idee der Kiewer Kirche eine positive Zukunft hat, und dieses Mal mit dem Zentrum in der Ukraine.

Der Grazer Prozess

Julia Lis/Maria Wernsmann

Der Grazer Prozess hebt sich von den anderen in diesem Band dokumentierten Dialogprozessen ab – das zeigt sich bereits an folgender Selbstbeschreibung: „Der Grazer Prozess ist ein Instrument zur Vernetzung der theologischen Fakultäten bzw. vergleichbarer Bildungseinrichtungen unterschiedlicher Kirchen und Konfessionen in Europa im Bereich von Forschung und Lehre; er wird durch ein Koordinationsbüro in Graz und einen internationalen multikonfessionellen Beirat gesteuert. Neben der kontinuierlichen Vernetzungsarbeit werden regelmäßige Expertenforen (Konsultationen) in Graz organisiert."[1] Der Grazer Prozess hat also grundsätzlich neben der Förderung der orthodox-katholischen Beziehungen noch weitere Zielsetzungen. Zum anderen ist er sehr spezifisch auf Austausch und Zusammenarbeit im universitären Bereich ausgerichtet und nimmt daher ganz andere Aspekte in den Blick als die meisten katholisch-orthodoxen Dialoge. Sein Ziel ist damit spezifisch umrissen, eingegrenzt und stark konkretisiert. Trotz oder gerade wegen dieser Spezifik lassen sich hier Beobachtungen machen, die vielleicht auch für die Beschäftigung mit katholisch-orthodoxen Dialogen im Allgemeinen relevant werden können und daher exemplarisch sind.

Der vorliegende Beitrag untergliedert sich darum zunächst in die Darstellung der Entwicklung und Zielsetzung des Grazer Prozesses und präsentiert dann einige grundsätzli-

---

[1] Das Projekt – Was ist der Grazer Prozess?, auf: https://grazprocess.uni-graz.at/de/das-projekt (zuletzt abgerufen am 02.09.2017).

che Überlegungen dazu, wie der Grazer Prozess auch die ökumenischen, insbesondere die katholisch-orthodoxen Beziehungen, voranbringen kann.

1. Entwicklung und Selbstverständnis des Grazer Prozesses

Der Grazer Prozess geht auf eine Idee von Grigorios Larentzakis zurück, dem inzwischen emeritierten orthodoxen Universitätsprofessor in Graz, der zu einer tragenden Figur dieses Dialogprozesses wurde. Seine Idee formulierte er erstmals 1993 bei einer Tagung an der Grazer Theologischen Fakultät, die den gemeinsamen Aufgaben der Theologien im südosteuropäischen Raum gewidmet war. Ähnlich der Konferenz Europäischer Kirchen sollte eine Konferenz theologischer Fakultäten und Hochschulen etabliert werden. Vor dem Hintergrund des politischen Wandels in Osteuropa fand diese Idee Anklang. So wurde auch als erstes Ziel festgehalten, durch eine stärkere Zusammenarbeit der theologischen Institutionen den Frieden und die Völkerverständigung in Europa zu fördern.[2] Schon damals wurde entschieden, dass die gemeinsame Konferenz ihren Sitz in Graz haben sollte, woraus sich der Name des daraus entstandenen Grazer Prozesses ableitet. Als Träger des Prozesses

---

[2] Vgl. hierzu und für den weiteren Rückblick auf die Entwicklung des Grazer Prozesses Tuder, Florian: Der Grazer Prozess als Chance ökumenischer Bildung, in: Asmus, Sören u. a. (Hg.), Lernen für das Leben. Perspektiven ökumenischen Lernens und ökumenischer Bildung (Beiheft zur Ökumenischen Rundschau 88), Frankfurt a. M. 2010, 135–150; vgl. auch Ionita, Viorel, The Consultation Process between European Theological Faculties (the Graz Process), in: Werner, Dietrich/Esterline, David/Kang, Namsoon/Raja, Joshva (Hg.), Handbook of Theological Education in World Christianity. Theological Perspectives – Regional Surveys – Ecumenical Trends, Oxford 2010, 594–599.

fungieren darum die KEK und die Katholisch-Theologische Fakultät der Karl-Franzens-Universität Graz.

Das im Anschluss an die Zweite Ökumenische Versammlung in Graz von 1997 entwickelte Konzept der Konsultationen blieb konzeptionell prägend für den Grazer Prozess. Zu dieser Zeit gab es auf akademischer Ebene gravierende Probleme hinsichtlich der Kompatibilität und Anerkennung von Studienabschlüssen.[3] Im Jahr 2000 entschlossen sich die KEK und die Katholisch-Theologische Fakultät Graz schließlich dazu, die erste Konsultation der theologischen Fakultäten in Europa zu organisieren. Seither gab es drei weitere Konsultationen. Die Konsultationen wurden v. a. in der Zeitschrift „Ökumenisches Forum. Grazer Jahrbuch für konkrete Ökumene" sehr gut dokumentiert. Auf der Basis dieser Dokumentation kann hier eine kurze Zusammenfassung der vier Konsultationen und ihrer wesentlichen Ergebnisse geboten werden.

Das Thema der ersten Konsultation lautete „Die Zukunft der Theologie in Europa"; jene fand vom 4. bis zum 7. Juli 2002 in Graz statt. Die ca. 60 Teilnehmenden aus 24 Ländern repräsentierten vorrangig die orthodoxe, katholische und reformierte Tradition.[4] Bei dieser ersten Konsultation wurde bereits vieles gesichtet und diskutiert, was auch von den weiteren Konsultationen aufgegriffen wurde. Die gemeinsame Schlusserklärung weist u. a. auf eine fehlende Kooperation an Theologi-

---

[3] Vgl. Tuder, Grazer Prozess (wie Anm. 2), 136.

[4] Ausführlich dokumentiert ist die Konferenz in der Zeitschrift Ökumenisches Forum. Grazer Jahrbuch für konkrete Ökumene 25 (2002), online abrufbar auf: http://unipub.uni-graz.at/oekf/periodical/titleinfo/448749 (zuletzt abgerufen am 23.09.2016). Eine Zusammenfassung der Hauptreferate bietet Tuder, Grazer Prozess (wie Anm. 1), 137–142. Sehr aufschlussreich ist auch der Bericht von Viorel Ionita über den Verlauf der Tagung in: Ökumenisches Forum. Grazer Jahrbuch für konkrete Ökumene 25 (2002), 205–333.

schen Fakultäten, Hochschulen und Instituten hin und fordert einen stärkeren Austausch zwischen Studierenden und Lehrenden.[5] Die ökumenische Ausrichtung müsse allen Lehrveranstaltungen inhärent sein und dürfe nicht bloß in ökumenischen Spezialveranstaltungen eine Rolle spielen. Die Bedeutung von Studienreisen und Begegnungen wird hervorgehoben. Zudem wird in der Schlusserklärung erstmals Kritik an den Bologna-Beschlüssen der Kultusminister/-innen von 1999 geäußert, in deren Folge der sogenannte Bologna-Prozess zur Schaffung eines einheitlicheren europäischen Hochschulraumes eingeleitet wurde.

Die zweite Konsultation widmete sich dem Thema „Die Herausforderungen der Theologie in einem pluralistischen Europa" und fand vom 6. bis zum 9. Juli 2006 statt. An dieser Konsultation nahmen ca. 80 WissenschaftlerInnen und Kirchenvertreter aus 23 Ländern teil. Ein Schwerpunkt dieser Konsultation waren die ersten Auswirkungen des Bologna-Prozesses. Als Herausforderungen wurden etwa abermals Probleme im Bereich von Austauschprogrammen hinsichtlich der Anerkennung von Studien- und Prüfungsleistungen benannt und es wurde erneut gefordert, ökumenische Theologie als einen fixen Bestandteil des Studiums sicherzustellen. Das Kommuniqué hält fest, dass zwischen Bologna-Prozess und Grazer Prozess gewisse Parallelen bestehen: „insofern, als beide versuchen, Einheit in Verschiedenheit anzuregen"[6]. Die Theologie wird im Kommuniqué als Brücke zwischen Gesellschaft, akademischer Welt und Kirche beschrieben; die Schlusserklärung liefert damit zugleich eine Situationsbeschreibung, welche et-

---

[5] Schlusserklärung der Konsultation der theologischen Fakultäten und Ausbildungsstätten in Europa, in: Ökumenisches Forum. Grazer Jahrbuch für konkrete Ökumene 25 (2002), 299–301.

[6] 2006 – Communiqué der zweiten Konsultation, in: Ökumenisches Forum. Grazer Jahrbuch für konkrete Ökumene 32–35 (2009–2013), 21–24, 23.

was mehr als zehn Jahre später nicht an Aktualität eingebüßt hat: Die Theologie „dient nicht nur den Kirchen und christlichen Gemeinschaften, sondern leistet auch einen entscheidenden Beitrag im gesellschaftlich-politischen Bereich und hilft den Menschen, das menschliche Wesen und die Schöpfung allgemein zu verstehen. Die Theologie hat die Fähigkeit, die Konsequenzen von Pluralität und Multikulturalismus zu durchdenken, und spielt so eine wichtige Rolle in Hinblick auf die Anpassung der Gesellschaft an das sich durch Immigration verändernde Europa. Man gelangte zu der Erkenntnis, dass Europa aufgrund seiner langen Geschichte und ökumenischen Situation einen Beitrag zur aktuellen weltweiten Debatte des religiösen Pluralismus leisten könne, der dem zunehmenden religiösen Fundamentalismus entgegenwirken könnte."[7] Zugleich traten jedoch bei dieser Konsultation offene Fragen und Divergenzen hinsichtlich der Beziehungen zwischen Kirchen und Fakultäten, der Inhalte des Theologiestudiums und des Verständnisses von Moderne oder Postmoderne zutage, wie die Schlusserklärung ebenfalls festhält.

Die dritte Konsultation behandelte das Thema „Gefährdet oder gefragt? Die akademische Theologie in Europa zwischen Bildung, Wissenschaft und Forschung" und fand vom 7. bis zum 10. Juli 2010 statt. Auch diesmal nahmen ca. 60 Personen aus 21 bzw. 22 Ländern teil.[8] Bei dieser Konsultation wurde stärker zu strategischen Perspektiven, theologischen Initiativen und wichtigen Netzwerken in der theologischen Bildung gearbeitet, die zusammengestellt und aufgezeigt wurden. Von den Ergebnissen, die das Kommuniqué zusammenfasst, scheint ei-

---

[7] Ebd. (wie Anm. 6).

[8] Das Kommuniqué in der Zeitschrift „Ökumenisches Forum" und die Homepage zum Grazer Prozess liefern unterschiedliche Zahlen und Themen.

nes hier besonders relevant: die Abnahme der Zahlen der Theologiestudierenden an vielen Standorten in Europa sowie die Schließung vieler theologischer Einrichtungen, die durch einen erhöhten finanziellen Druck bedingt sind.[9] Zugleich wurde beobachtet, dass manche Kirchen die Ausbildung ihrer Anwärter/-innen auf ordinierte Ämter an kirchlichen Institutionen statt an theologischen Fakultäten zu bevorzugen scheinen. Wie auch schon bei den Konsultationen zuvor wurde eine Hinwendung zur Religionswissenschaft diagnostiziert. Das führte u. a. zum Vorschlag, die Theologen und Theologinnen zu Forschungsprojekten zu ermutigen, die Schrift und Tradition mit grundlegenden Themen für Kirche und Gesellschaft verbinden, sowie zur Aufforderung an Kirchen, theologische Forschung finanziell zu fördern. Abermals wurden u. a. eine Weiterentwicklung und eine Anpassung der Lehre für eine größere Mobilität von Theologiestudierenden gefordert.

Schon bei der Konsultation wurde der Wunsch nach einem ständigen Komitee des Grazer Prozesses laut, um das Interesse an diesem Prozess zu vertiefen und zu fördern. Im Nachgang konstituierte sich in den Tagen vom 16. bis zum 28. Mai 2011 in Graz ein Koordinationskomitee aus etwa 13 Mitgliedern. Dieses konstituierende Treffen trug den Namen „ForTHERE“ (Forum of Theological Higher Education and Research in Europe). Die dritte Konsultation führte zudem zur Beteiligung an zwei weiteren Konferenzen: Vom 6. bis zum 8. Juni 2012 fand in Oslo eine Gemeinsame Konferenz der KEK (Churches in Dialogue Commission), des ETE (Ecumenical Theological Education Programme, Ökumenischer Rat der Kirchen), der MF Norwegian School of Theology sowie

[9] Vgl. 2010 – Communiqué der dritten Konsultation, in: Ökumenisches Forum. Grazer Jahrbuch für konkrete Ökumene 32–35 (2009–2013), 25–30.

einiger am Grazer Prozess Beteiligter zum Thema „The Future of Theology in the Changing Landscapes of Universities in Europe and Beyond" statt. Außerdem gab es ein Treffen einiger Mitglieder des Grazer Prozesses in Sofia (17.–21. Oktober 2012), das sich anlässlich des 1700-jährigen Jubiläums des Mailänder Ediktes mit dem Thema „Tolerance within the Churches – Tolerance Supported by the Churches" auseinandersetzte. Hier deutete sich bereits eine Verschiebung hin zu spezifischeren theologischen Themen an, die weg vom Thema der Rolle der Theologie an den Universitäten und Hochschulen in Europa führte, das bis dahin im Fokus des Grazer Prozesses gestanden hatte.

Die vierte Konsultation hebt sich thematisch von den anderen Konsultationen ab. Sie fand mit 47 Teilnehmenden aus 17 Ländern vom 25. bis zum 28. September 2013 statt und hatte das Thema „Die Menschenwürde in der Krise? Wirtschaftliche, psychologische und soziale Herausforderungen". Auch laut Kommuniqué war dies „bewusst ein Schritt der Weiterentwicklung"[10], indem ein interdisziplinäres Thema zum Zentrum der Überlegungen gemacht wurde, anstatt die Strukturen der akademischen Zusammenarbeit der unterschiedlichen Hochschulen und Fakultäten und damit verbundene Probleme und Herausforderungen zu fokussieren. So wurde der Versuch unternommen, die Zusammenarbeit dieses Mal nicht so sehr den strukturellen und formalen Herausforderungen und Ansprüchen zu widmen, sondern eine gemeinsame inhaltliche Bestimmung zu finden, die den gedanklichen Ausgangspunkt für Möglichkeiten und Notwendigkeiten der

---

[10] Communiqué der 4. Konsultation der theologischen Fakultäten in Europa („Grazer Prozess"), Graz, 25.–28. September 2013, in: Ökumenisches Forum. Journal for Ecumenical and Patristic Studies 36 (2014), 53–61, 60.

Kooperation darstellt. Eine abschließende Überlegung zum Thema Menschenwürde im Rahmen des Grazer Prozesses lautete, dass das Thema größere Beachtung bei der Arbeit mit Studierenden verdiene. Es solle darum durch die Sammlung von Material und die Verteilung desselben an Professoren, durch die Anregung des Austausches unter Studierenden, der einen Fokus auf Menschenwürde und Menschenrechte lege, und durch den Ideenaustausch (via soziale Medien und vielleicht EU-geförderte Workshops) über praktische Möglichkeiten und Projekte in die Institutionen zurückgetragen werden, so die Schlusserklärung.[11]

Für Viorel Ionita ist der Grazer Prozess „the only network of all theological faculties from all Europe in a genuine ecumenical perspective“[12]. Seit 2013 scheint sich der Prozess auch eher auf das „Networking“ zu fokussieren, etwa mit den Kooperationspartnern wie der Konferenz Europäischer Kirchen (KEK), der Europäischen Gesellschaft für Katholische Theologie, dem European Forum of Orthodox Schools of Theology (EFOST), der Gesellschaft für Evangelische Theologie und der European Society of Women in Theological Research (ESWTR).[13]

Das Selbstverständnis des Grazer Prozesses steht auch in Zusammenhang mit der „Charta Oecumenica“, einem Text, der von den Kirchen Europas gemeinsam erarbeitet wurde und Leitlinien für die wachsende Zusammenarbeit in Europa formuliert. In vielen Bereichen formuliert dieser Text Selbst-

---

[11] Vgl. ebd. (wie Anm. 10).

[12] Ionita, Viorel: The Consultation Process between European Theological Faculties (wie Anm. 2), 599.

[13] Diese Institutionen nennt die Homepage, die zugleich von einer ständigen Weiterentwicklung des Grazer Prozesses schreibt, vgl. https://grazprocess.uni-graz.at/de/das-projekt/kooperationspartner (zuletzt abgerufen am 02.09.2017).

verpflichtungen der Kirchen. So heißt es in Nr. 3 des Textes unter dem Stichwort „Aufeinander zugehen", dass die Kirchen die „ökumenische Offenheit und Zusammenarbeit in der christlichen Erziehung, in der theologischen Aus- und Fortbildung sowie auch in der Forschung" fördern wollten. Diesen Anliegen fühlt sich auch der Grazer Prozess verpflichtet.[14]

Von den vier Konsultationen scheint die dritte diejenige gewesen zu sein, bei der am stärksten das Selbstverständnis des Grazer Prozesses formuliert wurde, sodass diese Selbstbeschreibung für eine abschließende Zusammenfassung von Aufgaben und Zielen des Grazer Prozesses herangezogen werden kann.[15] Das Bemühen um eine Vernetzung der theologischen Fakultäten und Hochschulen etc. ist in der Übersicht über die vier Konsultationen bereits deutlich geworden. Bei der dritten Konsultation sah sich der Grazer Prozess überdies „im Dienste der Ökumene, wobei das Bemühen um Vernetzung und Koordination die legitime Eigenständigkeit und Identität der einzelnen Kirchen nicht in Frage stellt".[16] Als Besonderheit wird zudem expliziert, dass in den Grazer Prozess die orthodoxen Kirchen Europas einbezogen werden. Hervorgehoben werden auch sein Charakter als Expertengremium und der informelle Rahmen, innerhalb dessen „Kooperationen vorbereitet und vernetzt werden wie auch strukturelle Visionen angedacht werden können". Als Aufgaben und Themen des Grazer Prozesses werden neben dem „Austausch über den gegenwärtigen Stand in den einzelnen Kirchen, Fa-

---

[14] Vgl. den Flyer auf https://static.uni-graz.at/fileadmin/kath/Formulare/Grazer_Prozess/folder_2013_2.pdf (zuletzt abgerufen am 02.09.2017).

[15] Vgl. die Beschreibung der Aufgaben und Ziele des Grazer Prozesses auf: https://grazprocess.uni-graz.at/de/die-konsultationen/die-dritte-konsultation/aufgaben-und-ziele/ (zuletzt abgerufen am 22.09.2016).

[16] Ebd.

kultäten und Ländern" die Erörterung von Möglichkeiten der Zusammenarbeit und die „Schaffung und Aktualisierung eines Wissenspools" zu den bearbeiteten Themen erwähnt.[17] Neben diesen eher bildungspolitischen Zielen möchte der Grazer Prozess jedoch auch den „ökumenischen Rezeptionsprozess" fördern.[18] Die letzte Aufgabenbeschreibung ist in unserem Kontext von besonderem Interesse, sodass ihr im Folgenden verstärkt Aufmerksamkeit gewidmet werden soll. Ob und wie eine akademische Initiative wie der Grazer Prozess solche Rezeptionsprozesse anregen oder hervorbringen kann, wird nun im zweiten Teil dieses Beitrags gefragt und untersucht werden müssen.

2. Der Beitrag des Grazer Prozesses für die ökumenischen Beziehungen und weitere Zielsetzungen

Dieser Band stellt Dialoginitiativen zwischen der katholischen und der orthodoxen Kirche vor. Darum stellt sich hier zuallererst die Frage, inwiefern auch der Grazer Prozess die Beziehung zwischen beiden Kirchen beeinflusst oder gar auf den offiziellen katholisch-orthodoxen Dialog einwirken kann. Hier muss zunächst Folgendes festgehalten werden: Die Schwierigkeit einer solchen Fragestellung liegt darin begründet, dass eine solche Einflussnahme kein selbst formuliertes Ziel des Grazer Prozesses darstellt. Darum gibt es auch keine explizite thematische Überschneidung mit den Themen des offiziellen Dialogs, die Fokussierung auf den akademischen Bereich lässt vielmehr ganz andere Themen in den Mittelpunkt rücken. Interessant ist

---

[17] Ebd.

[18] Ebd.

jedoch: Sobald mit dem Thema der Menschenwürde ein inhaltlicher Zugang gewählt wurde, der sich an einem sozialethischen und aus „westlicher" Perspektive sehr wichtigen Thema orientiert, traten bei der vierten Konsultation auch Divergenzen zutage. Unterschiedliche Ansätze hinsichtlich des Verständnisses von Tradition und Moderne zeigten sich bereits bei der zweiten Konsultation. Diese Themen scheinen dringend einer Bearbeitung im ökumenischen Dialog zu bedürfen. Das gilt umso mehr, als deutlich wird, dass die strukturellen Fragen der Gestaltung der Lehre wie der Rolle der theologischen Fakultäten und Hochschulen ebenso ein gemeinsames Verständnis der Rolle der Kirchen und ihrer primären gesellschaftlichen Aufgaben voraussetzen. Ein solches Verständnis zu entwickeln, wird aber ohne eine elementare Einigung in den genannten Bereichen nur schwer möglich sein. Es zeigt sich nämlich auch immer stärker, dass die theologischen und kirchlichen Haltungen zu Moderne und Säkularismus stark mit Positionen zur Ökumene verquickt sind.[19] Auf den Punkt gebracht heißt das: Wer kaum oder gar nicht bereit ist, die Zeichen der Zeit zu erkennen und darin zentrale Herausforderungen für die eigene Theologie zu entdecken, wer sich von den Ereignissen in der Welt und der Gesellschaft nicht zur Selbstkritik bewegen lässt, wird sich weder von anderen Kirchen noch von sonst jemandem dazu motivieren lassen, über das eigene Kirchenverständnis nachzudenken.

Das Thema der vierten Konsultation zur Menschenwürde wirft zudem die Frage auf, wie gesellschaftliche Herausforderungen ihren angemessenen Platz im katholisch-orthodoxen Dialog finden können. Theologische Fragen sind

---

[19] Vgl. etwa Weinrich, Michael, Ökumene am Ende? Plädoyer für einen neuen Realismus, Neukirchen-Vluyn 1995, 44–46.

schließlich keine abstrakten Realitäten, vielmehr erfolgt die Beschäftigung mit ihnen immer unter konkreten gesellschaftlichen und historischen Bedingungen, die im Dialog mitreflektiert werden müssen. Theologische Fragen, die im ökumenischen Dialog behandelt werden, müssen darum auch hinsichtlich ihrer aktuellen gesellschaftlichen Bedeutung und Relevanz beleuchtet werden.

Für die ökumenischen Beziehungen im Allgemeinen kann der Grazer Prozess einen wichtigen Beitrag leisten. Ökumene geschieht schließlich insbesondere durch Begegnung und Kommunikation von Menschen, was eine Grundbedingung aller ökumenischen Prozesse darstellt. An dieser Begegnung sind ganz konkrete Menschen beteiligt, die mit unterschiedlichen konfessionellen und kulturellen Prägungen im selben Bereich der universitären Bildung arbeiten. Er bietet somit die Möglichkeit, durch einen kritischen Dialog die eigenen Arbeitsweisen und vielleicht sogar das eigene Selbstverständnis zu hinterfragen. Sehr sinnvoll erscheint dabei die multilaterale Ausrichtung des Grazer Prozesses. Vom ökumenischen Anspruch her geht es um mehr als um die Verständigung zwischen zwei Konfessionen; das wäre eigentlich stets auch im orthodox-katholischen Dialog mitzudenken. Die Vernetzung von katholischen, evangelischen und orthodoxen Theologen und Theologinnen kann notwendig sein, um eine ökumenische Grundausrichtung der Theologien zu gewährleisten. Schnell werden bei ökumenischen Initiativen im deutschsprachigen Raum die orthodoxen Theologien übersehen, was sicher nicht zuletzt mit sprachlichen und regionalen Grenzen zu tun hat. Insofern leistet der Grazer Prozess einen wichtigen Beitrag für den ökumenischen Rezeptionsprozess, indem er ökumenische Anliegen und den Bedarf an Zusammenarbeit gerade im akademischen Bereich aufgreift und dabei insbesondere die Orthodoxie einbindet, wie es seinem Selbstverständnis entspricht.[20]

An den vom Grazer Prozess benannten Desideraten hinsichtlich der Zusammenarbeit der Fakultäten im Bereich von Anerkennungen etc. wird auch der Einfluss nichttheologischer Faktoren sichtbar: Auch in den konfessionellen theologischen Fakultäten und Bildungsinstitutionen sind verständliche und mechanische Selbstbeharrungskräfte am Werk, die manchmal die Offenheit für eine interkonfessionelle Kooperation behindern. Eine allzu große Kooperation kann nach außen hin den Eindruck erwecken, dass eine Aufteilung in verschiedene konfessionelle Theologien nicht länger notwendig sei. Die Arbeit an Verbesserungen in diesen Bereichen kann darum auch als Beitrag für den versuchten Abbau solcher nichttheologischer ökumenischer Hindernisse gewertet werden, allein das Aufdecken von Leer- und Schwachstellen kann ein wachsendes Bewusstsein für die Notwendigkeit und die ökumenische Bedeutsamkeit eines Wandels in diesem Bereich erzielen.

Der Grazer Prozess ist jedoch v. a. von weiteren wichtigen Zielsetzungen getragen, die nicht explizit der Ökumene zuzuordnen sind. Ein Desiderat, das er aufzugreifen versucht, nannte auch Dietrich Werner bei der dritten Konsultation, der dort das „Programme on Ecumenical Theological Education (ETE)“ des Ökumenischen Rates der Kirchen präsentierte: „We need a stronger voice and presence of both Western and

[20] Nicht erwähnt wurde in diesem Beitrag bislang die Societas Oecumenica, die alle ökumenisch-theologischen Institute in Europa und darüber hinaus sowie Wissenschaftler/-innen, die sich mit ökumenischen Themen befassen, zusammenbringt und seit ihrer Gründung 1978 alle zwei Jahre eine Konferenz zu ökumenisch-theologischen Themen organisiert. Im Sinne eines Ausbaus von Kooperationen mit anderen Initiativen könnte darum auch in diese Richtung gedacht werden.

Eastern Europe in the international debate on the future of theological education in World Christianity. A ‚Europäischer Fakultätentag‘ or a ‚European Ecumenical Association of Theological Faculties‘ which can also present some political pressure for recognizing more of long-term relevance and significance of theology in European university settings could help most probably if somebody takes the lead in it.“[21]

Ein Forum, über das der Austausch von Lehrenden und Studierenden und eine Mobilität hinsichtlich der Anerkennungen und Studienabschlüsse gefördert werden können, ist ein sinnvolles Ziel, das zugleich ökumenische Auswirkungen haben kann, indem dadurch interkonfessionelle Begegnungen in Studium und Wissenschaft unterstützt werden können. Darüber hinaus ist eine gesellschafts- wie kirchenpolitische Positionierung der theologischen Fakultäten in Europa ein wichtiger Anspruch, der eng mit deren Außenwahrnehmung verbunden ist. Deshalb bedarf es inhaltlicher Diskussionen im ökumenischen Rahmen, die sowohl die zentralen theologischen Inhalte als auch die Bedingungen, unter denen diese hervorgebracht und vermittelt werden, reflektieren und jene Reflexionen in den gesellschaftlichen Kontext stellen.

Die vierte Konsultation strebte eine fächerübergreifende und konfessionsübergreifende Beschäftigung mit zentralen Herausforderungen in Europa an. Angesichts der zahlreichen im Mittelmeer Ertrunkenen, der Verarmung von Menschen in Südeuropa aufgrund der Finanzkrise und des zunehmenden

---

[21] Werner, Dietrich: European Theological Education in Worldwide Ecumenical Perspective. Expectations and Challenges for International Partnership and Dialogue in Global Perspectives. Some Notes from the Programme on Ecumenical Theological Education (ETE) in the WCC, in: Ökumenisches Forum. Grazer Jahrbuch für konkrete Ökumene 32–35 (2009–2013), 157–164, 162.

„Engagements“ europäischer Staaten in kriegerischen Konflikten sind Menschenrechte und Menschenwürde ein wichtiges Thema, das jedoch bei der Konsultation noch sehr allgemein behandelt wurde. Der Grazer Prozess könnte mit der Wahl dieses Themenschwerpunktes aufzeigen, dass der christliche Glaube – in seiner Bejahung der Ebenbildlichkeit Gottes und durch den Inkarnationsgedanken – ins Zentrum des Nachdenkens über den Menschen und die Bedingungen, unter denen er lebt, führt: Dies im Grazer Prozess wie in anderen ökumenischen Dialogen im Hinblick auf den konkreten Kontext des Theologietreibens, im Hinblick auf die Universität und ihre Rolle wie auch im Hinblick auf die Frage nach den gesellschaftlichen Herausforderungen, vor denen die Menschen im europäischen Kontext stehen, weiter zu vertiefen und zu spezifizieren, könnte ein wichtiges Ziel für die Zukunft sein.

Gemeinsamer orthodox-katholischer Arbeitskreis St. Irenäus

Rade Kisić

1. Genese

Nachdem die Gemeinsame Internationale Kommission für den Theologischen Dialog zwischen der Römisch-Katholischen Kirche und der Orthodoxen Kirche nach ihrer Sitzung in Baltimore (2000) die Arbeit vorläufig eingestellt hatte, wurde auf Initiative des Johann-Adam-Möhler-Instituts für Ökumenik (Paderborn) und einiger katholischer Theologen bzw. Ostkirchenexperten der Gemeinsame orthodox-katholische Arbeitskreis St. Irenäus gegründet.[1] Der katholisch-orthodoxe Dialog befand sich damals wegen der Uniatismus-Frage[2] in einer ernsthaften Krise – und durch die Gründung des Irenäus-Arbeitskreises versuchte man, den Dialog zu fördern bzw. ihn

[1] Vgl. Gemeinsamer orthodox-katholischer Arbeitskreis St. Irenäus, http://www.moehlerinstitut.de/projekte/irenaeus-arbeitskreis (zuletzt abgerufen am 01.12.2017).

[2] Vgl. darüber z. B. Suttner, Ernst Christoph: Das Dokument der katholisch-orthodoxen Dialogkommission von Balamand mit der Überschrift: „Der Uniatismus – eine überholte Unionsmethode – und die derzeitige Suche nach der vollen Gemeinschaft“, in: Marte, Johann/Kadzieława, Anna, Herausforderung sichtbare Einheit. Beiträge zu den Dokumenten des katholisch-orthodoxen Dialogs, Würzburg 2014, 69–91; Preda, Radu, Vom Uniatismus zur Einheit. Die Frage nach der Identität der mit Rom unierten Kirchen vor und nach Balamand (1999), in: Marte, Johann/Kadzieława, Anna (Hg.), Herausforderung sichtbare Einheit. Beiträge zu den Dokumenten des katholisch-orthodoxen Dialogs, Würzburg 2014, 92–118.

nicht ganz erlahmen zu lassen. Im Kommuniqué der Gründungsversammlung, die 2004 in Paderborn stattfand, sind diese Umstände explizit erwähnt: „[...] sind wir zusammengekommen aus Sorge über die gegenwärtigen Schwierigkeiten im Dialog zwischen Orthodoxen und Katholiken und in dem Wunsch, zur Fortsetzung dieses Dialogs beizutragen.“[3]

Die primäre Aufgabe des Arbeitskreises besteht in der Unterstützung des katholisch-orthodoxen Dialogs: „Wir wollen die theologische Kompetenz unseres Arbeitskreises in den Dienst unserer Kirchen stellen, damit der theologische Dialog zwischen der Orthodoxen und der Katholischen Kirche, von dessen Notwendigkeit wir überzeugt sind, weitergeführt wird.“[4] Dabei wird besonders auf den Dialog auf internationaler Ebene hingewiesen, womit wahrscheinlich vor allem die Arbeit der Gemeinsamen Internationalen Kommission gemeint ist. Der Arbeitskreis reflektiert also die gegenwärtige Situation im katholisch-orthodoxen Dialog und versucht, neue Impulse für den Dialog zu geben bzw. eventuelle Lösungsvorschläge für die bestehenden Probleme zu unterbreiten.[5]

Von all diesen allgemeinen Grundsätzen ausgehend, formulierten die Mitglieder die Aufgabe des Arbeitskreises wie folgt: „In diesem Sinn sehen wir es als unsere genuine Aufgabe an, in einem internationalen, Sprach- und Kulturgrenzen übergreifenden Arbeitskreis die den gegenwärtigen Problemen zugrundeliegenden, tiefer gehenden Unterschiede in den Mentalitäten, Denkformen und der Art, Theologie zu betreiben, zu erforschen, ihre Eigenart zu verstehen und nach Wegen zu

---

[3] Gemeinsamer orthodox-katholischer Arbeitskreis Sankt Irenäus, Kommuniqué – Paderborn 2004, http://www.moehlerinstitut.de/pdf/texte/kommuniques/2004_paderborn_de.pdf (zuletzt abgerufen am 01.12.2017), 1.

[4] Kommuniqué – Paderborn 2004 (wie Anm. 3), 1.

[5] Kommuniqué – Paderborn 2004 (wie Anm. 3), 1.

suchen, wie sich beide Traditionen gegenseitig bereichern können, ohne ihre Identität zu verlieren. Wir hoffen, dass wir auf diese Weise in unseren Kirchen für ein wachsendes gegenseitiges Verständnis wirken können, und verpflichten uns zum persönlichen Engagement für dieses Ziel."[6]

Der Gemeinsame orthodox-katholische Arbeitskreis St. Irenäus[7] wurde aber nicht als eine von den vielen „offiziellen Kommissionen", die von Kirchenvertretern zusammengesetzt sind, sondern als ein Expertenkreis mit gleichbleibender Zusammensetzung einberufen, in dem natürlich auf eine paritätisch-konfessionelle Besetzung[8] geachtet wird. Darüber hinaus trachtet man offensichtlich danach, dass möglichst viele Orthodoxe Kirchen ihren Vertreter im Arbeitskreis haben. Dem eigenen Selbstverständnis nach stellt also der Irenäus-Arbeitskreis keine kirchliche Dialogkommission, sondern einen inoffiziellen Gesprächskreis dar.[9] Wenngleich dieser Arbeitskreis keine „kirchliche Kommission" ist, so tagt er unter dem Vorsitz eines katholischen und eines orthodoxen Bischofs, wodurch die kirchliche Einbindung in einer bestimmten Form gewährleistet wird.[10]

---

6 Kommuniqué – Paderborn 2004 (wie Anm. 3), 1.

7 Weiterhin wird im Text die gängige Bezeichnung „der Irenäus-Arbeitskreis" gebraucht.

8 Bei der ersten und zweiten Sitzung des Arbeitskreises waren elf katholische und elf orthodoxe Theologen anwesend. Seit der dritten Sitzung setzt sich der Irenäus-Arbeitskreis aus 13 katholischen und 13 orthodoxen Theologen zusammen.

9 Vgl. Gemeinsamer orthodox-katholischer Arbeitskreis St. Irenäus (s. Anm. 1).

10 Ebd., hier wörtlich: „Der Arbeitskreis tagt unter dem Vorsitz eines katholischen Bischofs (seit 2004: Bischof Gerhard Feige von Magdeburg, Deutschland) und eines orthodoxen Bischofs (2004–08: Bischof Ignatije Midić von Braničevo, Serbien; 2009–12: Metropolit Youhanna Yazigi von West- und Mitteleuropa, jetzt Patriarch der Kirche von Antiochien; seit 2013: Erzbischof Job

Der inoffizielle Charakter des Gesprächskreises soll in diesem Fall jedoch nicht als Nachteil angesehen werden. Ganz im Gegenteil: Man schuf auf diese Weise „einen Raum für den inoffiziellen Meinungsaustausch und die freie und offene Diskussion der bestehenden Probleme“[11], was in den offiziellen Kommissionen manchmal vermisst wird. Dazu bietet die Tatsache, dass die Mitglieder des Arbeitskreises keine Kirchenvertreter sind, sondern im eigenen Namen handeln, eine im Vergleich zu offiziellen Kommissionen ganz andere Gesprächsgrundlage, welche die Offenheit in Diskussionen und in der ganzen Arbeit gewiss fördert.

2. Arbeitsweise

Der Irenäus-Arbeitskreis trifft sich einmal im Jahr zu einer viertägigen Tagung wechselweise in einem katholischen und in einem orthodoxen Umfeld.[12] Wie man den Kommuniqués entnehmen kann, bereiten ausgewählte Mitglieder des Arbeitskreises die Referate zu bestimmten Themen vor, auf welche die Responses anderer Mitglieder folgen, wobei man gewöhnlich auf die eventuell verschiedenen konfessionellen Positionen achtet. Das heißt: Wenn ein katholischer Theologe

---

Getcha, Erzdiözese der russischen orthodoxen Gemeinden in Westeuropa – Exarchat des Ökumenischen Patriarchats).“

[11] Kommuniqué – Paderborn 2004 (wie Anm. 3), 1.

[12] Vgl. Gemeinsamer orthodox-katholischer Arbeitskreis St. Irenäus (s. Anm. 1). Die bisherigen Tagungen fanden an folgenden Orten statt: 2004: Paderborn (Deutschland); 2005: Athen (Griechenland); 2006: Chevetogne (Belgien); 2007: Belgrad (Serbien); 2008: Wien (Österreich); 2009: Kiew (Ukraine); 2010: Magdeburg (Deutschland); 2011: St. Petersburg (Russland); 2012: Bose (Italien); 2013: Thessaloniki (Griechenland); 2014: Rabat (Malta); 2015: Chalki/Istanbul (Türkei); 2016: Taizé (Frankreich); 2017: Caraiman (Rumänien).

das Referat hält, schreibt ein orthodoxer Theologe die Response darauf.[13]

Sowohl in den Referaten als auch in den Diskussionen beachtet man nicht nur theologische, sondern auch sog. nichttheologische Faktoren, die im Hintergrund einer Doktrin stehen, sodass man versucht, die bearbeiteten Themen in ihrer ganzen Komplexität zu erfassen und zu analysieren.[14] Durch das gemeinsame Studium (auch der Quellentexte[15]) trachten die Mitglieder danach, die bestehenden konfessionellen Differenzen kontextuell zu untersuchen bzw. die jeweiligen Konsenspunkte zu ermitteln und zu formulieren.[16]

---

[13] Vgl. Gemeinsamer orthodox-katholischer Arbeitskreis Sankt Irenäus, Kommuniqué – Magdeburg 2010, http://www.moehlerinstitut.de/pdf/texte/kommuniques/2010_magdeburg_de.pdf (zuletzt abgerufen am 01.12. 2017), 1: „Dazu wurden Referate von Thomas Bremer (Münster), Edward Farrugia (Rom), Basilius Groen (Graz) und Rudolf Prokschi (Wien) gehalten, auf die Antworten von Daniel Benga (Bukarest), Assaad Kattan (Münster), Nikolaos Loudovikos (Thessaloniki) und Paul Meyendorff (New York) folgten. Grigorios Papathomas (Athen) präsentierte grundsätzliche Überlegungen zur Ekklesiologie aus kanonistischer Sicht, auf die Hervé Legrand (Paris) antwortete."

[14] Vgl. Gemeinsamer orthodox-katholischer Arbeitskreis Sankt Irenäus, Kommuniqué – Magdeburg 2010, http://www.moehlerinstitut.de/pdf/texte/kommuniques/2010_magdeburg_de.pdf (zuletzt abgerufen am 02.12. 2017), 2f: „Die psychologischen, historischen, soziologischen und politischen Prägungen, die hinter diesen Erklärungen stehen, müssen beachtet werden, so, wie wir es bei unserem Studium der Dokumente des Ersten Vatikanischen Konzils bereits fruchtbringend getan haben."

[15] Vgl. Gemeinsamer orthodox-katholischer Arbeitskreis Sankt Irenäus, Kommuniqué – Chevetogne 2006, http://www.moehlerinstitut.de/pdf/texte/kommuniques/2006_chevetogne_de.pdf (zuletzt abgerufen am 02.12. 2017), 1.

[16] Vgl. z. B. Kommuniqué – Magdeburg 2010 (wie Anm. 14), 1: „Die Ergebnisse des gemeinsamen Studiums wurden in den folgenden Thesen festgehalten, die eine gemeinsame Sicht der historischen Entwicklung beschreiben, jedoch keinen Konsens in der dogmatischen Bewertung des Jurisdiktionsprimats und der Unfehlbarkeit des Papstes bedeuten."

Am Ende jeder Tagung verfasst der Arbeitskreis ein Kommuniqué, das basale Informationen über die jeweilige Tagung sowie Informationen über die bearbeiteten Themen und die gemeinsam formulierten Beschlüsse bzw. Thesen enthält. Darüber hinaus wird im Kommuniqué von Taizé 2016 eine Studie angekündigt, die das Verhältnis von Primat und Synodalität aus der hermeneutischen, historischen und systematischen Perspektive untersuchen soll.[17] Die Arbeit an dieser Studie wurde während der Tagung in Caraiman 2017 mit dem Ziel fortgesetzt, die Studie in absehbarer Zeit abzuschließen.[18] Dem letzten Kommuniqué von Caraiman kann man also entnehmen, dass die Studie fast fertig ist, aber nicht erwartet werden kann, dass sie vor der Tagung in Graz 2018 veröffentlicht wird.

Ein wichtiger Bestandteil jeder Tagung sind auch Treffen mit den lokalen kirchlichen Autoritäten (bzw. ihre schriftlichen Begrüßungen). In der Regel besuchen die Mitglieder des Arbeitskreises die Kirchen im Gastgeberort und nehmen an den Gottesdiensten teil. Exemplarisch kann man an dieser Stelle einen Teil des Kommuniqués von Caraiman 2017 anführen: „Vor der Eröffnungssitzung wurde die Gruppe am Mittwochabend, dem 4. Oktober, herzlich von Seiner Exzellenz Bischof Ieronim von Sinaia, Vikarbischof des Patriarchen, im Namen Seiner Seligkeit Daniel, des Patriarchen der Rumänischen Orthodoxen Kirche, begrüßt. Die Mitglieder des Arbeitskreises besuchten das Antim-Kloster, die Patriarchalkathedrale und den Patriarchatspalast in Bukarest. Am Donnerstagmorgen hieß der Abt

[17] Vgl. Gemeinsamer orthodox-katholischer Arbeitskreis Sankt Irenäus, Kommuniqué – Taizé 2016, http://www.moehlerinstitut.de/images/2016_Taizé_DT.pdf (zuletzt abgerufen am 02.12.2017), 1.

[18] Vgl. Gemeinsamer orthodox-katholischer Arbeitskreis Sankt Irenäus, Kommuniqué – Caraiman 2017, http://www.moehlerinstitut.de/pdf/2017_Caraiman_DT.pdf (zuletzt abgerufen am 02.12.2017), 1.

des Klosters Caraiman, Archimandrit David Petrovici, die Gruppe willkommen. Während des Treffens nahmen die Mitglieder an den täglichen Gebeten der Klostergemeinschaft teil. Am Sonntag besuchten sie die Göttliche Liturgie in der Weißen Kirche in Bukarest, der Seine Exzellenz Bischof Varlaam von Ploieşti, Vikarbischof des Patriarchen, vorsteht.“[19] Nicht zuletzt durch diese Begegnungen zeigten sich eine kirchliche Einbindung des Arbeitskreises und ebenso sein kirchlicher Auftrag ganz klar.

3. Tagungen und thematische Schwerpunkte

Die Mitglieder des Irenäus-Arbeitskreises kamen also mit dem Wunsch zusammen, zur Fortsetzung des katholisch-orthodoxen Dialogs auf der internationalen Ebene beizutragen, indem sie die gegenwärtige Situation reflektieren und versuchen, neue Impulse zu geben bzw. eventuelle Lösungsvorschläge für den katholisch-orthodoxen Dialog anzubieten. Dieses Selbstverständnis bestimmte die thematischen Schwerpunkte des Arbeitskreises, d. h. der Arbeitskreis beschäftigte sich bis jetzt vor allem mit jenen ekklesiologischen Themen, die eigentlich auf der Tagesordnung der Internationalen Kommission stehen.

Nach der Gründungsversammlung in Paderborn arbeitete der Arbeitskreis bei der nächsten Tagung (Athen 2005) demgemäß an dem Thema „Die Eine Kirche und die vielen Kirchen“ und beschäftigte sich insbesondere mit den Fragen des gegenseitigen Verständnisses vom ekklesialen Status und mit dem Verhältnis zwischen der Ortskirche und der Universalkirche in der orthodoxen und in der katholischen Ekklesiologie. Darüber hinaus diskutierte der Arbeitskreis über die Bedeutung des Be-

[19] Ebd. (wie Anm. 18).

griffs „Schwesterkirchen“[20], dessen Gebrauch im katholisch-orthodoxen Dialog für Aufregung gesorgt hatte.[21]

Ab der dritten Tagung (Chevetogne 2006) entschied sich der Arbeitskreis dazu, sich längerfristig mit dem zentralen Thema des heutigen katholisch-orthodoxen Dialogs auseinanderzusetzen: mit dem Verhältnis von Primat und Synodalität im Laufe der Geschichte. Um diese komplexe Frage besser zu erfassen, wählten die Mitglieder den chronologischen Ansatz, sodass sie sich in Chevetogne mit Lehre und Praxis des Primats im ersten Jahrtausend beschäftigten. Im Kommuniqué von dieser Tagung sind zum ersten Mal in den Erklärungen des Arbeitskreises auch gemeinsame Beschlüsse und Thesen zu diesem Thema angeführt.[22]

Die chronologische Analyse der Kirchengeschichte, orientiert am Thema des Verhältnisses von Primat und Synodalität, wurde zuerst in Belgrad 2007[23] und dann in Wien 2008 fortgesetzt, wo „Lehre und Praxis des Primats im Mittelalter“ und „Lehre und Praxis des Primats vom 16. bis 19. Jahrhundert“ untersucht wurden. Darüber hinaus befasste sich der Arbeitskreis „mit der Entwicklung der primatialen und synodalen Strukturen innerhalb der Orthodoxen Kirche im Osmanischen sowie im Russischen Reich“[24] und konnte hinsichtlich der Ge-

---

[20] Vgl. dazu z. B. Prokschi, Rudolf: Schwesterkirchen – ja, aber … Zum Verhältnis der katholischen Kirche zur Orthodoxie, in: Tück, Jan-Heiner, (Hg.): Erinnerung an die Zukunft. Das Zweite Vatikanische Konzil, Freiburg 2012, 396–404.

[21] Vgl. Gemeinsamer orthodox-katholischer Arbeitskreis Sankt Irenäus, Kommuniqué – Athen 2005, http://www.moehlerinstitut.de/pdf/texte/kommuniques/2005_athen_de.pdf (zuletzt abgerufen am 03.12.2017), 1.

[22] Vgl. Kommuniqué – Chevetogne 2006 (wie Anm. 15), 1.

[23] Vgl. Gemeinsamer orthodox-katholischer Arbeitskreis Sankt Irenäus, Kommuniqué – Belgrad 2007, http://www.moehlerinstitut.de/pdf/texte/kommuniques/2007_belgrad_de.pdf (zuletzt abgerufen am 04.12.2017), 1.

[24] Vgl. Gemeinsamer orthodox-katholischer Arbeitskreis Sankt Irenäus,

schichte beider Kirchen gemeinsam feststellen, „dass politische und kulturelle Faktoren die Entwicklung der kirchlichen Strukturen in Ost und West stark beeinflusst haben“.[25]

Besondere Beachtung (Kiev 2009, Magdeburg 2010, St. Petersburg 2011) schenkte der Arbeitskreis dem Ersten Vatikanischen Konzil (bzw. seinen Definitionen), der Rezeption der Beschlüsse innerhalb der Katholischen Kirche und den orthodoxen Reaktionen auf dieses Konzil in verschiedenen Regionen. Das geht natürlich darauf zurück, dass gerade die lehramtlichen Definitionen des Ersten Vaticanums über die Autorität des Papstes als Stolperstein in ökumenischen Beziehungen angesehen werden, und zwar nicht nur im katholisch-orthodoxen Dialog. Hinsichtlich der Primatsfrage analysierte der Arbeitskreis auch die Dokumente anderer ökumenischer Studiengruppen (Orthodox-katholische Konsultation in den USA, Lutherisch-katholische Studiengruppe von Farfa Sabina) und diskutierte jene gründlich, was in anderen (besonders in offiziellen) ökumenischen Kommissionen leider seltener der Fall ist.[26]

Nach einer längeren und ausführlichen Beschäftigung mit dem Ersten Vaticanum setzte der Arbeitskreis die chronologische Analyse mit der Primats- bzw. Synodalitätsfrage in Bose 2012 fort, indem er die ekklesiologischen Modelle des Landeskonzils 1917/18 der Russischen Orthodoxen Kirche und des Zweiten Vatikanischen Konzils untersuchte.[27] Die Mitglieder des Arbeitskreises stellten dabei gemeinsam u. a. fest: „Die

---

Kommuniqué – Wien 2008, http://www.moehlerinstitut.de/pdf/texte/kommuniques/2008_wien_de.pdf (zuletzt abgerufen am 05.12.2017), 1.

[25] Ebd., 2.

[26] Vgl. Gemeinsamer orthodox-katholischer Arbeitskreis Sankt Irenäus, Kommuniqué – St. Petersburg 2011, http://www.moehlerinstitut.de/pdf/texte/kommuniques/2011_petersburg_de.pdf (zuletzt abgerufen am 06.12.2017), 2.

[27] Vgl. Gemeinsamer orthodox-katholischer Arbeitskreis Sankt Irenäus,

bisherige Rezeptionsgeschichte des Vaticanum II zeigt, dass es nicht gelungen ist, die in der katholischen Kirche bestehende Tendenz zur Zentralisierung auszugleichen. Ein ähnliches Problem stellt sich in der orthodoxen Kirche insofern, als die autokephalen und autonomen Kirchen Schwierigkeiten bei der Zusammenarbeit und der praktischen Umsetzung der Synodalität haben."[28]

Die chronologische Analyse schloss der Arbeitskreis in Thessaloniki 2013 offensichtlich fast ab, indem das Verhältnis von Geschichte und Theologie, das Verständnis von Konziliarität und Primat in der modernen Theologie (darunter besonders in den Werken von Yves Congar und Olivier Clément) und orthodoxe Reaktionen auf das Zweite Vatikanische Konzil (vor allem auf *Lumen gentium*) diskutiert wurden.[29] Bei dem Treffen in Rabat 2014 hatte der Arbeitskreis nämlich mehrere Fragestellungen auf der Tagesordnung, sodass die Mitglieder sich „mit den jüngsten Entwicklungen im internationalen orthodox-katholischen Dialog, mit gegenwärtigen Primatskonzeptionen in der Orthodoxen Kirche (wie dem Moskauer Synodaldokument zum Primat von 2013 und den Reaktionen darauf), mit der Synodalität im ersten Jahrtausend in Theorie und Praxis, mit der Position Maximus' des Bekenners zum Primat sowie mit dem orthodoxen und dem katholischen Verständnis von Synodalität" befassten.[30] Bei dieser Tagung berie-

---

Kommuniqué – Bose 2012, http://www.moehlerinstitut.de/pdf/texte/kommuniques/2012_bose_de.pdf (zuletzt abgerufen am 07.12.2017), 1.

[28] Kommuniqué – St. Petersburg (wie Anm. 26), 3.

[29] Gemeinsamer orthodox-katholischer Arbeitskreis Sankt Irenäus, Kommuniqué – Thessaloniki 2013, http://www.moehlerinstitut.de/pdf/texte/kommuniques/Communique_2013_Thessaloniki_DT.pdf (zuletzt abgerufen am 08.12.2017), 3.

[30] Gemeinsamer orthodox-katholischer Arbeitskreis Sankt Irenäus, Kommu-

ten die Mitglieder ebenso über die weitere Arbeit des Irenäus-Arbeitskreises (was möglicherweise mit dem Abschluss der längeren Beschäftigung mit dem Verhältnis von Primat und Synodalität zu tun hat) und kündigten einen prägnanten Überblick über die Ergebnisse der bisherigen Arbeit an.[31]

Dieser Überblick stand auch auf der Tagesordnung der nächsten Tagung (Chalki 2015), zusammen mit der Entstehung der Nationalkirchen in der Orthodoxie, mit der Idee der *communio/koinonia* und mit dem Verständnis von Autorität in der Kirche.[32] Die Pläne für die Erstellung des Überblicks wurden bei der Tagung in Taizé 2016 offensichtlich konkretisiert, und im Kommuniqué kündigte der Arbeitskreis eine Studie über das Verhältnis von Primat und Synodalität aus der hermeneutischen, historischen und systematischen Perspektive an.[33] In dieser Hinsicht diskutierte der Arbeitskreis in Taizé über die Dogmenhermeneutik, die Autorität sowie über das Zeitalter der Konfessionalisierung und stellte interessante Thesen auf, die in der genannten Studie weiter expliziert werden. Unter dem Zeichen der Vorbereitung der Studie verlief ebenso die bisher letzte Tagung, die 2017 im Kloster Caraiman (Rumänien) stattfand. Vor dem Hintergrund der Vorbereitung der gemeinsamen Studie wurden einige Aspekte des Verhältnisses von Primat und Synodalität eingehender untersucht und in den Vorträgen die Bedeutung der östlichen Patriarchate im ers-

---

niqué – Rabat 2014, http://www.moehlerinstitut.de/pdf/texte/kommuniques/Communique_2014_Malta_DT.pdf (zuletzt abgerufen am 08.12.2017), 1.

31 Ebd.

32 Vgl. Gemeinsamer orthodox-katholischer Arbeitskreis Sankt Irenäus, Kommuniqué – Chalki 2015, http://www.moehlerinstitut.de/pdf/2015_Chalki_DT.pdf (zuletzt abgerufen am 07.12.2017), 1.

33 Kommuniqué – Taizé 2016 (wie Anm. 17), 1.

ten Jahrtausend, die Rolle des Apostels Petrus in der kirchlichen Tradition und das Appellationsrecht thematisiert.[34]

4. Der Beitrag für den katholisch-orthodoxen Dialog

Wenn man versucht, den Beitrag des Irenäus-Arbeitskreises für den katholisch-orthodoxen Dialog zu bewerten, merkt man schnell, dass man sich auf „unsicheren Boden" begibt, d. h. dass man ganz persönliche Einschätzungen, wenn nicht sogar Spekulationen, kaum vermeiden kann. Die Gründe dafür liegen nicht zuletzt in der Art und Weise, wie der Arbeitskreis funktioniert. Abgesehen von der kurzen Vorstellung des Arbeitskreises auf der Internetseite des Johann-Adam-Möhler-Instituts[35], stehen nämlich einem an der Tätigkeit des Arbeitskreises interessierten Betrachter oder Forscher nur noch Kommuniqués der Tagungen zur Verfügung.[36] Die Referate und die Responses, welche die Mitglieder für die Tagungen vorbereiten bzw. bei jenen verfassen, bleiben der Öffentlichkeit vorenthalten. Diese sehr begrenzte Einsicht in die Tätigkeit des Arbeitskreises, was gewiss mit der geäußerten Absicht, innerhalb des Arbeitskreises „frei und offen zu diskutieren",[37] zu tun hat, erschwert die wissenschaftliche Beschäftigung mit dem Arbeitskreis und besonders eine ge-

[34] Vgl. Gemeinsamer orthodox-katholischer Arbeitskreis Sankt Irenäus, Kommuniqué – Caraiman 2017, http://www.moehlerinstitut.de/pdf/2017_Caraiman_DT.pdf (zuletzt abgerufen am 07.12.2017), 1.

[35] Vgl. Gemeinsamer orthodox-katholischer Arbeitskreis St. Irenäus (wie Anm. 1).

[36] Meines Wissens wurde die Arbeit des Irenäus-Arbeitskreises noch nicht das Thema eines wissenschaftlichen Beitrags.

[37] Kommuniqué – Athen 2005 (wie Anm. 21), 1.

nauere Beurteilung seines Beitrags für den katholisch-orthodoxen Dialog beträchtlich.

In den gemeinsamen Erklärungen findet man jedenfalls zahlreiche inspirierende und zukunftsweisende Ansätze und Denkanstöße sowie kritische Auseinandersetzungen mit der Lehre und Tradition beider Kirchen. Es ist an dieser Stelle unmöglich (und ebenso unnötig), all jene Ansätze zu präsentieren, und deswegen seien hier nur einige (nicht unbedingt repräsentative) exemplarisch erwähnt.

In seiner bisherigen Tätigkeit beschäftigte sich der Arbeitskreis vor allem mit der Frage des Verhältnisses von Primat und Synodalität, und im Hintergrund aller Überlegungen steht die konsequente Unterscheidung „zwischen der Primatspraxis, wie sie sich in Reaktion auf bestimmte historische Umstände entwickelt hat, und dem Wesen des Primats. Daher muss ein Weg gefunden werden, bestimmte Positionen der Vergangenheit zu überwinden und die wesentlichen Elemente, die in beiden Traditionen bewahrt wurden, in ein gemeinsames Verständnis des Primats zu integrieren. In diesem Sinne haben sich die Mitglieder des Arbeitskreises darüber ausgetauscht, wie der Primat ausgeübt werden könnte, wenn die volle Communio erreicht worden ist."[38]. Anders als im Dokument *Steps Towards A Reunited Church: A Sketch Of An Orthodox-Catholic Vision For The Future*[39] fanden diese Überlegungen zur konkreten Form von Primatsausübung leider nicht ihren Platz im Kommuniqué von Belgrad 2007.

---

[38] Kommuniqué – Belgrad 2007 (wie Anm. 23), 2.

[39] Vgl. The North American Orthodox-Catholic Theological Consultation, Steps Towards A Reunited Church: A Sketch Of An Orthodox-Catholic Vision For The Future, http://www.assemblyofbishops.org/news/scoba/towards-a-unified-church (zuletzt abgerufen am 10.12.2017).

An mehreren Stellen in den Kommuniqués wurde die geschichtliche Dimension des Primats und der Synodalität unterstrichen – z. B.: „Sowohl der Primat als auch die Synodalität haben sich in der frühen Kirche als Reaktion auf die Herausforderungen der jeweiligen Zeit entwickelt. Es scheint kein Modell zu geben, das allgemein akzeptiert worden ist.“[40] Die gemeinsame Behauptung, „dass politische und kulturelle Faktoren die Entwicklung der kirchlichen Strukturen in Ost und West stark beeinflusst haben“[41], hat potenziell große Relevanz, weil sie dazu veranlassen kann, über die zeitgemäßen Modelle der Ausübung des Primats und der Synodalität gemeinsam nachzudenken.[42] Als zukunftsweisend kann auch die Stellungnahme gelten, dass der Abbruch des Ersten Vatikanischen Konzils „zu einem unbeabsichtigten Ungleichgewicht in der Ekklesiologie: der Behandlung des päpstlichen Primats unabhängig vom Bischofsamt und vom Mysterium der Kirche im Allgemeinen“[43] führte und deswegen „das erste Vaticanum nicht als das letzte Wort in der Sache betrachtet werden“ kann[44].

---

40 Kommuniqué – Rabat 2014 (wie Anm. 30), 2.

41 Kommuniqué – Wien 2008 (wie Anm. 24), 2. Vgl. dazu auch Kommuniqué – Belgrad 2007 (wie Anm. 23), 1: „Es wurde festgestellt, dass sich die Entwicklung der Rolle des Bischofs von Rom und die Entstehung der Idee eines zentralen Papstamtes in der Kirche nicht ohne Berücksichtigung der politischen und gesellschaftlichen Bedingungen des Mittelalters beschreiben lässt.“

42 Vgl. Kommuniqué – St. Petersburg 2011 (wie Anm. 26), 2: „Unsere Gespräche zeigen, dass wir getrennt keine zufriedenstellenden Antworten auf die Frage nach verschiedenen Formen und Ebenen des Primats finden. Wir hoffen aber, dass wir gemeinsam zu Lösungen kommen, die zeitgemäß sind.“

43 Kommuniqué – St. Petersburg 2011 (wie Anm. 26), 2.

44 Vgl. Gemeinsamer orthodox-katholischer Arbeitskreis Sankt Irenäus, Kommuniqué – Kiev 2009, http://www.moehlerinstitut.de/pdf/texte/kommuniques/2009_kiev_de.pdf (zuletzt abgerufen am 15.12.2017), 2.

Nicht nur hinsichtlich des Primats wurde auf die Geschichtlichkeit der Theologie hingewiesen: „Gottes Heilshandeln an den Menschen ereignet sich nicht unabhängig von Zeit und Raum, sondern inmitten der menschlichen Geschichte. Daher ist auch die Kirche in ihrem Selbstverständnis, ihrer Theologie und ihrer Verkündigung geschichtlich geprägt [...] Obwohl Dogmen verbindliche Lehraussagen der Kirche sind, sind sie historisch bedingt, insofern sie in einem konkreten Kontext und in einer bestimmten Sprache auf eine spezifische historische Herausforderung reagieren. Daher sind Dogmen sowohl formal als auch inhaltlich begrenzt, weil sie niemals ein erschöpfender Ausdruck dessen sind, was sie bezeugen und auszulegen versuchen."[45]

Hinsichtlich des Verhältnisses zwischen den Lokalkirchen und der Universalkirche meinen die Mitglieder des Arbeitskreises, dass beide Kirchen vor einigen Herausforderungen stünden. Einerseits befindet sich das Papsttum in seiner institutionalisierten Form heute in einem Veränderungsprozess, andererseits werden die Strukturen der Autokephalie (und ebenso das Primatsverständnis) in der Orthodoxen Kirche überdacht.[46] Unter Berücksichtigung der Schwächen der jeweiligen Praxis können beide Kirchen diese Herausforderungen gemeinsam angehen und eventuell für beide Seiten annehmbare und zukunftsträchtige Konzepte entwickeln.

---

[45] Kommuniqué – Thessaloniki 2013 (wie Anm. 29), 1. Vgl. dazu auch Kommuniqué – Taizé 2016 (wie Anm. 17), 1: „Diese Artikulation des Glaubens bezieht den ganzen Menschen in seiner schöpferischen Dimension ein. Daher ist eine ernsthafte Anerkennung des menschlichen Aspekts – wie etwa Geschichte, Sprache, Kultur, Erfahrungsvielfalt – in der hermeneutischen Erschließung von Dogmen notwendig."

[46] Vgl. Kommuniqué – Rabat 2014 (wie Anm. 30), 2.

Die Zusammenarbeit als Voraussetzung für die Vertiefung des gegenseitigen Verständnisses sieht der Arbeitskreis in der möglichen Initiative, ein Glossar der in den Konzilsdokumenten verwendeten technischen Begriffe (z. B. *potestas immediata*, *plenitudo potestatis*) zu erstellen, weil die Unterschiede im Verständnis und Gebrauch dieser Begriffe zu Missverständnissen führen können. Für die Diskussion über die „Infallibilität" des Papstes ist weiterhin bedeutend, dass dieser Begriff im Russischen als die „Sündlosigkeit" und im Griechischen als die „Fehlerfreiheit" übersetzt wird.[47] Darüber hinaus plädiert der Arbeitskreis für eine gemeinsame Geschichtsschreibung für die Epoche des Ersten Vaticanums, die sich auf die derzeit verschiedenen Interpretationen dieses Konzils positiv auswirken könnte.[48]

Mehrmals thematisierte der Arbeitskreis auch die hermeneutische Dimension eines theologischen Dialogs und ihre ökumenische Relevanz. Im Kommuniqué von Wien steht Folgendes geschrieben: „Jeder theologische Dialog hat auch eine hermeneutische Dimension und muss daher die sprachlichen Unterschiede, die Denkformen und die besonderen Schwer-

---

[47] Vgl. Kommuniqué – Kiev 2009 (wie Anm. 44), 2. Vgl. dazu auch Kommuniqué – Bose 2012 (wie Anm. 27): „Um einer besseren Verständigung willen müssen wir beachten, dass dieselben Worte manchmal verschiedene ekklesiale Wirklichkeiten bezeichnen können. Begriffe, die von beiden Seiten verwendet werden, aber unterschiedliche Realitäten bezeichnen – sei es im Laufe der Geschichte, sei es in derselben Epoche –, müssen klar definiert werden. Das gilt gerade auch für gängige Begriffe wie Katholizität, Primat, Synodalität, Kollegialität und Konziliarität. Der Begriff ‚Sobornost' kann heute z. B. im Sinne von Katholizität oder von Konziliarität verstanden werden, ist aber stark durch den philosophischen und theologischen Kontext im Russland des 19. Jahrhunderts geprägt. In ähnlicher Weise muss man sich davor hüten, das Konzept des Primats im Sinne einer Zentralisierung oder das Konzept der Synodalität im Sinne einer Dezentralisierung zu verstehen."

[48] Ebd. (wie Anm. 47), 2f.

punktsetzungen der verschiedenen Traditionen berücksichtigen. Diese Hermeneutik kann unterschiedliche Ansätze offenbaren, die ihrerseits den Reichtum des Glaubens ausdrücken und sich nicht gegenseitig ausschließen. Im Bemühen um das gegenseitige Verständnis unserer theologischen und kanonischen Ausdrucksformen müssen wir daher die Mittel der modernen Hermeneutik nutzen, die uns helfen können, die Ausdrucksformen der Vergangenheit in ihren historischen Kontext zu stellen, ihren bleibenden Wert herauszuarbeiten, indem wir sie von anachronistisch gewordenen Aspekten befreien und dadurch versuchen, ihre Aussageabsicht zu aktualisieren (‚relecture').“[49]

Gelegentlich verweist der Arbeitskreis auf die gegenwärtigen Herausforderungen und offenen Fragen, die im katholisch-orthodoxen Dialog erst auf die Tagesordnung kommen sollen. Hinsichtlich der Lehre von der Unfehlbarkeit des Papstes wird in diesem Sinne gesagt, dass das Verhältnis zwischen der Unfehlbarkeit der Kirche und der Unfehlbarkeit des Papstes weiterer Untersuchungen bedürfe.[50] Eine zusätzliche Herausforderung im katholisch-orthodoxen Dialog stellen verschiedene Zugänge zum Kirchenrecht bzw. unterschiedliche Verständnisse der Verbindung zwischen Kirchenrecht und kirchlicher Lehre und Praxis dar, sodass der Arbeitskreis eine Diskussion über die Hermeneutik der Kanons (auch innerhalb der Kirchen) für notwendig hält.[51] Dabei kommt die Frage auf, wie man die altkirchlichen Kanons in einer globalisierten Welt des dritten Millenniums kontextbezogen aus-

[49] Kommuniqué – Wien 2008 (wie Anm. 24), 2.

[50] Vgl. Kommuniqué – Kiev 2009 (wie Anm. 44), 2.

[51] Vgl. Vgl. Gemeinsamer orthodox-katholischer Arbeitskreis Sankt Irenäus, Kommuniqué – Magdeburg 2010, http://www.moehlerinstitut.de/pdf/texte/kommuniques/2010_magdeburg_de.pdf (zuletzt abgerufen am 17.12.2017), 3.

legen kann.[52] Hinsichtlich der Identitätsfrage, die sich auch in den anderen ökumenischen Dialogen (z. B. im Dialog zwischen der Orthodoxen Kirche und den Vorchalkedonensischen Kirchen) als ernsthaftes Problem erwiesen hat, stellt der Arbeitskreis fest: „Die Frage, wie wir heute mit unseren historisch gewachsenen Identitätsmerkmalen umgehen, bedarf im Dialog zwischen Orthodoxen und Katholiken noch einer tiefergehenden Analyse. Dabei muss auch berücksichtigt werden, welches Bild vom anderen wir haben und ob dieses Bild der Selbstwahrnehmung unserer Gesprächspartner entspricht."[53]

Aus der theologischen Korrespondenz zwischen dem Ökumenischen Patriarchen Jeremias II. und den reformatorischen Theologen in Tübingen folgert der Arbeitskreis, dass ein gelingender Dialog die Verständigung über die Kriterien der Kirchlichen Einheit voraussetzt.[54] Im Hinblick darauf teilen die beiden Kirchen bekanntlich die Ansicht, dass sakramentale Gemeinschaft die Einheit im Glauben grundsätzlich voraussetzt. Der Arbeitskreis merkt jedoch dazu an, dass der Umfang dieser Einheit im Glauben noch geklärt werden müsse und dass wir „ebenfalls Kriterien dafür brauchen, was für die gemeinsame Feier der Eucharistie unbedingt erforderlich ist"[55].

Wenn auch die Kommuniqués zahlreiche Denkanstöße beinhalten, muss man sich andererseits darüber im Klaren sein, dass sie natürlich mehr Arbeitsberichte (bzw. Sammlungen von Thesen, die auf den Tagungen herausgearbeitet wurden) als theologische Texte sind, die für eine wissenschaftliche Evalua-

---

[52] Ebd. (wie Anm. 51).

[53] Kommuniqué – Wien 2008 (wie Anm. 24), 1.

[54] Ebd., 2.

[55] Kommuniqué – Chalki 2015 (wie Anm. 32), 2.

tion geeignet oder überhaupt vorgesehen sind (umso mehr erwartet man mit Spannung die angekündigte Studie). Hiermit möchte ich die Bedeutung und den Inhalt des Kommuniqués keinesfalls in Frage stellen, aber es drängt sich mir trotzdem die Frage auf, ob der Beitrag des Irenäus-Arbeitskreises für den katholisch-orthodoxen Dialog allein in den Kommuniqués besteht …

Wenn man sein Selbstverständnis, seine Zusammensetzung, Arbeitsweise, Themenauswahl und Zielsetzung genauer betrachtet, dürfte man m. E. zu dem Schluss kommen, dass der Irenäus-Arbeitskreis eher eine gewisse Denkfabrik für den katholisch-orthodoxen Dialog auf internationaler Ebene ist als eine von heutzutage mehreren und verschiedenen theologischen Kommissionen. Der Arbeitskreis ist darauf bedacht, „dem orthodox-katholischen Dialog auf internationaler Ebene neue Impulse zu geben“[56], und insofern müsste die öffentliche Wahrnehmung seiner Arbeit bzw. die Rezeption in breiteren Kreisen nicht im Vordergrund stehen. Dadurch lässt sich die Tatsache erklären, dass eine erste umfangreichere Studie mit den Resultaten seiner Arbeit wahrscheinlich erst bei der 15. Jahrestagung oder sogar noch später veröffentlicht wird. Für die Bewertung des theologischen Beitrags für den katholisch-orthodoxen Dialog würde das andererseits bedeuten, dass man kein Urteil über den Beitrag des Arbeitskreises nur anhand der öffentlichen Erklärungen fällen darf, weil dieser Beitrag keinesfalls nur oder m. E. jedenfalls nicht primär aus den Kommuniqués besteht. Der Arbeitskreis leistet eine sehr gute „Theologenarbeit“ und inspiriert möglicherweise dadurch die Arbeit nicht nur der offiziellen, sondern auch anderer (Dialog-)Kommissionen. Natürlich begibt man sich bei dieser Ver-

[56] Kommuniqué – Paderborn 2004 (wie Anm. 3), 1.

mutung auf unsicheren (d. h. schwer beweisbaren) Boden, aber man darf nicht außer Acht lassen, dass einige Mitglieder des Irenäus-Arbeitskreises auch in anderen ökumenischen Gremien tätig oder für die ökumenischen Beziehungen in ihren jeweiligen Kirchen verantwortlich sind.[57] Aus diesem Grund darf mit Recht angenommen werden, dass die im Arbeitskreis herausgearbeiteten Ideen und Thesen auf vielen (in-)offiziellen Wegen in den katholisch-orthodoxen Dialog einfließen und dass der theologische Beitrag und die Relevanz des Irenäus-Arbeitskreises viel größer sind, als man das unmittelbar wahrnimmt.

---

[57] Exemplarisch erwähne ich den Päpstlichen Rat zur Förderung der Einheit der Christen und die Ökumenekommission der Deutschen Bischofskonferenz. In diesem Sinne soll auch erwähnt werden, dass der ehemalige orthodoxe Ko-Präsident des Irenäus-Arbeitskreises, Erzbischof Job von Telmessos, 2016 zum Ko-Präsidenten der Gemeinsamen Internationalen Kommission für den Theologischen Dialog zwischen der Katholischen und der Orthodoxen Kirche ernannt wurde.

Liturgischer Reichtum als Chance für die Ökumene

Texte der Gemeinsamen Kommission der Deutschen Bischofskonferenz und der Orthodoxen Bischofskonferenz in Deutschland

Florian Schuppe

Die alte Regel „Lex credendi, lex orandi" bringt zum Ausdruck, dass sich im Beten und Feiern der Kirche das ausdrückt was Sie glaubt und lehrt. Deshalb erscheint es nahe liegend im Blick auf das Beten und Feiern im liturgischen Jahreskreis, die tiefe Verbundenheit, aber auch die bereichernde Unterschiedenheit der römisch-katholischen und orthodoxen Tradition zu untersuchen. Erstaunlicherweise wird dieser liturgische Zugang zur Ökumene bisher nur selten aufgegriffen. Eine positive Ausnahme stellen in diesem Zusammenhang die von der Gemeinsamen Kommission der Deutschen Bischofskonferenz und der Orthodoxen Bischofskonferenz in Deutschland herausgegebenen vier Texte in der Reihe „Das Kirchenjahr in der Tradition des Ostens und des Westens" dar. Sie sollen deshalb im Folgenden auf ihre Zielrichtung, ihre Inhalte und den möglichen Mehrwert für weitere Dialoge hin untersucht werden:

1. Die Gemeinsame Kommission der Deutschen Bischofskonferenz und der Orthodoxen Bischofskonferenz in Deutschland

Die heutige Gemeinsame Kommission der Deutschen Bischofskonferenz und der Orthodoxen Bischofskonferenz in Deutschland wurde 2007 eingerichtet. Sie setzt die Arbeit einer Vorgängerkommission fort, die bereits 1981 zwischen der Deutschen Bischofskonferenz und der griechisch-orthodoxen Metropolie eingerichtet wurde und Texte zu verschiedenen pastoralen Fragen (wie zum Beispiel zur Frage der Eheschließung zwischen orthodoxen und katholischen Christen) erstellte. Als 2007 die Kommission der Orthodoxen Kirche in Deutschland (KOKiD) etabliert wurde, trat diese als orthodoxer Ansprechpartner für die Deutsche Bischofskonferenz an die Stelle, welche die griechisch-orthodoxe Metropolie bis dahin subsidiär auch für die anderen Traditionen übernommen hatte. Die Kommission erfuhr nach der Gründung der Orthodoxen Bischofskonferenz in Deutschland im Jahr 2010 eine entsprechende Namensänderung und fungierte von da an auch formell als Dialogkommission zwischen den beiden Bischofskonferenzen.[1]

Geleitet wird die Gemeinsame Kommission auf katholischer Seite vom Vorsitzenden der Ökumenekommission der Deutschen Bischofskonferenz[2] und auf orthodoxer Seite vom Vorsitzenden der Orthodoxen Bischofskonferenz.[3] Neben jeweils drei weiteren Bischöfen gehören der gemeinsamen Kommission Priester, Äbte und Fachtheologen an, die in besonderer Weise mit den orthodox-katholischen Beziehungen befasst sind.

---

1 Dies drückt sich auch im Namen der Kommission aus: Sie wurde zwischen 2007 und 2010 als „Gemeinsame Kommission der Deutschen Bischofskonferenz und der Orthodoxen Kirche in Deutschland“ bezeichnet, seit 2010 als „Gemeinsame Kommission der Deutschen Bischofskonferenz und der Orthodoxen Bischofskonferenz in Deutschland“.

2 2007–2012: Bischof Gerhard Ludwig Müller, Bischof von Regensburg und später Präfekt der Glaubenskongregation. Von 2012 bis heute: Bischof Gerhard Feige, Bischof von Magdeburg.

3 Von 2007 bis heute ist dies der griechisch-orthodoxe Metropolit Augoustinos (Labardakis) von Deutschland und Mitteleuropa.

2. Die Reihe „Das Kirchenjahr in der Tradition des Ostens und des Westens"

In der zehnjährigen Geschichte der Gemeinsamen Kommission konnten bisher vier Texte veröffentlicht werden, die allesamt verschiedene Aspekte des Kirchenjahres in der orthodoxen und der römisch-katholischen Tradition beleuchten und in einer Reihe mit dem Titel „Das Kirchenjahr in der Tradition des Ostens und des Westens“ zusammengefasst sind. Wie es zu dieser Schwerpunktsetzung kam und welches Ziel die in dieser Reihe veröffentlichten Texte verfolgen, verdeutlicht die Einleitung des ersten Textes zum Sonntag als „Urfeiertag“ der Christen: „Bei ihrer konstituierenden Sitzung am 28./29. März 2007 haben die Mitglieder der Gemeinsamen Kommission, Bischöfe und Theologen beschlossen, sich mit dem Kirchenjahr in der Kirche des Ostens und des Westens als Schwerpunktthema zu befassen. Ihr Ziel ist es, das Kirchenjahr in der östlichen und in der westlichen Tradition für katholische und orthodoxe Gemeinden und ihre Gläubigen sowie darüber hinaus für die interessierte Öffentlichkeit sowohl in seinen grundlegenden Gemeinsamkeiten als auch in seinen Unterschieden zu erschließen. […] Wir hoffen, […] die gegenseitige Wahrnehmung und das wechselseitige Verständnis von Katholiken und Orthodoxen zu fördern und zu vertiefen.“[4]

Damit ist bereits eine Besonderheit der erarbeiteten Texte angesprochen: Den Texten geht es weniger um eine Klärung lehrmäßiger Fragen oder um die Bewältigung pastoraler

[4] Sekretariat der Deutschen Bischofskonferenz und der Kommission der Orthodoxen Kirche in Deutschland (Hg.)Das Kirchenjahr in der Tradition des Ostens und des Westens. I. Der Sonntag – „Urfeiertag“ der Christen, Bonn, Dortmund 2010, Aus dem Vorwort.

Herausforderungen (daran hatte die benannte Vorgängerkommission schwerpunktmäßig gearbeitet), sondern um die Erschließung der liturgischen Traditionen in beiden Kirchen als einer konkret erfahrbaren Wirklichkeit kirchlichen Lebens. Diese soll auf ihre Gemeinsamkeiten und Unterschiede geprüft werden, wodurch wiederum das Bewusstsein für die tiefe Verbundenheit anhand der konkret erlebbaren liturgischen Wirklichkeit verdeutlicht werden soll. Der Dialog setzt mit diesem Schwerpunkt nicht nur bewusst auf eine breite Rezeption seiner Ergebnisse (angesprochen werden die Gläubigen und eine interessierte Öffentlichkeit), sondern auch auf ein im eigenen Erleben kirchlicher Wirklichkeit leicht zugängliches Thema.

Bisher sind in der Reihe vier gemeinsame Texte veröffentlicht worden:

I. Der Sonntag – „Urfeiertag“ der Christen
II. Ostern – Das Hauptfest der Kirche in Ost und West
III. Weihnachten – die Feier der Menschwerdung Gottes in Jesus Christus
IV. Christus feiern mit der Gottesmutter und allen Heiligen

2.1 Der Sonntag – „Urfeiertag" der Christen

Der im Februar 2010 veröffentlichte erste Text der Reihe „Das Kirchenjahr in der Tradition des Ostens und des Westens“ überrascht durch seine Kompaktheit. Auf gerade einmal acht Seiten werden komplexe Themenfelder wie die Kirche und die Zeit, der Sonntag und die Eucharistie, außerdem die Heiligung des Sonntages abgehandelt. Es wird aus vielen Stellen deutlich, dass es sich dabei um den Auftakt einer größeren Reihe handelt, der somit in deren Zusammenhang gelesen werden muss und deshalb auch diese weiten Themenstellungen aufgreift. Mit dem Text wollte die Kommission „ein erstes Ergebnis ihrer Arbeit“[5] vorstellen. Sie spricht mit einer gemeinsamen Veröffentlichung zum Sonntag auch eine gesellschaftliche Debatte an, bei der es in diesen Jahren stark um die Ausweitung von Ladenöffnungszeiten und um verkaufsoffene Sonntage ging.[6] Somit hat der Text, wenngleich diese Themen eher am Rande auftauchen, auch eine implizit politische Dimension.

Das wird deutlich, wenn der Text gleich zu Beginn darauf verweist, dass „die Kirchen“ „in den letzten Jahren in ökumenischer Zusammenarbeit immer wieder versucht hätten, den Sonntag ins Bewusstsein der Öffentlichkeit zu rufen“.[7] Zitiert werden hier verschiedene gemeinsame Texte, die dank der Zusammenarbeit zwischen der Deutschen Bischofskonferenz und den Evangelischen Kirchen in Deutschland verabschiedet wurden. Die Kommission bringt sich damit bewusst in eine bereits bestehende ökumenische Debatte ein und weitet diese multilateral aus. Ein im Hinblick auf die immer wieder ins Feld geführte Unterschiedlichkeit zwischen diesen Dialogen und der Orthodoxie und bzw. den aus der Reformation hervorgegangenen Gemeinschaften bemerkenswertes Vorgehen.

Der Text wird durch eine sehr grundsätzliche Einleitung zum Verhältnis von Kirche und der Zeit fortgesetzt. Interessant für den hier zu untersuchenden Gegenstand ist der Ton dieses Kapitels: Auffällig sind zahlreiche Väterzitate und Bilder, die in knapper Form aufgegriffen werden und das Bemühen deutlich werden lassen, westliche und östliche Vätertexte in ein aus-

---

5 Ebd. (wie Anm. 4), 1.

6 Eine Gesetzesnovellierung übertrug hier die Verantwortung vom Bund auf die Länder, was stellenweise sehr unterschiedliche Regelungen mit teilweise deutlich ausgeweiteten Öffnungszeiten zur Folge hatte.

7 Sekretariat der Deutschen Bischofskonferenz und der Kommission der Orthodoxen Kirche in Deutschland (Hg.)Der Sonntag (wie Anm. 4), 2.

gewogenes Verhältnis zu setzen. Durch die sehr grundlegende Fragestellung und die starke Bezugnahme auf die Vätertexte bekommt der Text hier einen leicht homiletischen Klang. Um einen Eindruck zu vermitteln, hier einige Zeilen des Beginns des Kapitels zur Frage der Kirche und der Zeit: Die Welt wurde nach den Worten des Hl. Augustinus († 430) „nicht innerhalb der Zeit, sondern gleichzeitig mit der Zeit erschaffen" (De civitate Dei 11,6). Ebenso ist für den Hl. Basilius den Großen († 379) die Zeit mit den tierischen und pflanzlichen Geschöpfen Gottes bzw. mit „den wandelbaren Dingen verwandt" (Erste Homilie über das Hexaemeron 5). „Auch die Kirche lebt und existiert in der Zeit, ist aber nicht der Vergänglichkeit unterworfen."[8]

Dieser Grundduktus, der sich im Text und in den anderen Dokumenten fortsetzt, macht eine weitere Grundabsicht der Texte deutlich: Es geht weniger um eine Vermittlung von Wissen über die gelebte Wirklichkeit beider Traditionen, sondern um so etwas wie eine gemeinsame homiletische Einführung in den Gehalt des jeweils Gefeierten. Die Sprache orientiert sich dabei eher am orthodoxen Sprachgebrauch; sie kann an manchen Stellen auf westlich nüchtern geprägte Christen in Form und Inhalt eher fremd wirken.

Der Text führt in wenigen Zeilen den liturgischen Jahreskreis und das „österliche Mysterium" als Mittelpunkt ein, um dann zum Sonntag als dem „Urfeiertag" überzuleiten.[9] Die folgenden Kapitel betonen den Unterschied zwischen Sabbat und Sonntag, verweisen auf die verschiedenen Bezeichnungen, arbeiten den Sonntag als ersten und achten Tag heraus, um dann auf das Paschamysterium als zentralen Gehalt zu verwei-

8 Ebd. (wie Anm. 1), 2.

9 Ebd. (wie Anm. 4).

sen: „Die Feier des Sonntags geht zurück auf die Auferstehung Jesu Christi. Durch die Erscheinungen des auferstandenen Herrn wird den Jüngern die Gewissheit zuteil, dass Er lebt.“ Jede Feier des Sonntags ist ein lebendiges Gedächtnis und Bekenntnis der Auferstehung: Das heißt: „Jeder Sonntag ist ein Ostertag! Die Christen versammeln sich um ihren Herrn und legen gemeinsam Zeugnis davon ab.“[10]

Besonderen Wert legt der Text an verschiedenen Stellen auch auf historische Hintergründe. So heißt es beispielsweise an einer Stelle: „Im Westen wurde zwar 1334 das Fest der Allerheiligsten Dreifaltigkeit (Trinitatis) allgemein eingeführt und auf den Sonntag nach Pfingsten gelegt. Doch wie schon zuvor wurde auch danach der trinitarische Charakter jedes einzelnen Sonntags in besonderer Weise gefeiert.“[11]

Der interessierte Leser erfährt so an vielen Stellen mehr, als er aus seinem Fragehorizont heraus wohl erwarten dürfte. Durch diese Herangehensweise gelingt es in den Texten aber auch immer wieder, den Reichtum der liturgischen Hymnen aus beiden Traditionen aufzunehmen und somit die Liturgie selbst als Interpretin ihrer selbst sprechen zu lassen.

Leider fehlt dem ersten Text an manchen Stellen noch der Bezug zur gelebten Frömmigkeit: So wird beispielsweise der offensichtliche Unterschied nicht näher kommentiert, dass in katholischen Gemeinden der Sonntag gewöhnlich mit einer Vorabendmesse am Samstag beginnt, die schon selbst eine sonntägliche Prägung hat, während orthodoxe Gemeinden das gemeinsam gefeierte Stundengebet mit der Feier einer verkürzten Vigil am Samstagabend eröffnen.

---

[10] Ebd. (wie Anm. 4), 4.

[11] Ebd. (wie Anm. 4), 5.

Überraschend ist zudem, dass der Text an verschiedenen Stellen die katholische „Sonntagspflicht“ erwähnt und erklärt, hingegen den etwas unterschiedlichen Zugang der Orthodoxie, die ihren Gläubigen den Besuch empfiehlt und mittels der Schönheit der Liturgie für eine Teilnahme wirbt, nirgends thematisiert.[12]

Der Text schließt mit zwei kurzen Kapiteln über die Heiligung des Sonntags angesichts der Herausforderungen der Zeit.[13]

2.2 Ostern – das Hauptfest der Kirche in Ost und West

Nur zwei Jahre nach dem Erscheinen dieses Textes, der – wie das Vorwort betont – „sowohl in orthodoxen als auch in katholischen Kreisen und darüber hinaus eine gute Resonanz“[14] gefunden hatte, konnte die gemeinsame Kommission einen zweiten deutlich umfangreicheren Text unter dem Titel „Ostern das Hauptfest der Christen in Ost und West“ veröffentlichen. Er greift nach dem Sonntag als der ersten und ursprünglichen Feier des Paschamysteriums[15] die Feier des „Festes der Feste“ an Ostern und die das Osterfest rahmenden Vorbereitungs- und Fastenzeiten auf.

Noch stärker als im Text zum Sonntag rückt damit die Kalenderfrage in den Blick: „Zwar feiern Orthodoxe und Katholiken aufgrund unterschiedlicher geschichtlich gewachsener

---

12 Ebd. (wie Anm. 4), 8.

13 Ebd. (wie Anm. 4), 7f.

14 Sekretariat der Deutschen Bischofskonferenz und der Kommission der Orthodoxen Kirche in Deutschland (Hg.): Das Kirchenjahr in der Tradition des Ostens und des Westens II. Ostern – Hauptfest in Ost und West, Bonn, Dortmund 2010, 1.

15 Ebd. (wie Anm. 14), 2.

Kalenderberechnungen Ostern zumeist nicht an einem gemeinsamen Kalenderdatum, doch bekennen beide Kirchen einmütig, dass das im Osterfest begangene Geschehen die Grundlage ihres Glaubens bildet. Von ihm empfängt das ganze Kirchenjahr seine Würde und Strahlkraft."[16] Der deutlich umfangreichere Text setzt mit der Vorbereitungs- und Fastenzeit ein. Diese sei trotz unterschiedlicher Dauer und unterschiedlicher liturgischer Prägungen in beiden Traditionen von einer verbindenden Grundhaltung der Buße und Umkehr, aber ebenso der Erwartung und Freude durchzogen.[17] Diesem inneren Fasten dienten auch in beiden Traditionen das äußerliche Fasten (Verzicht auf bestimmte Speisen und Gewohnheiten), das persönliche Gebet und die „Freigebigkeit gegenüber den Bedürftigen"[18]. Die nun folgende Darstellung der Fastenzeit in der katholischen und der orthodoxen Kirche legt diese vor allem anhand der zentralen liturgischen Texte dar und kann so in gelungener Weise die innere Dynamik beider Vorbereitungszeiten abbilden. Demgegenüber werden die konkrete Fastenpraxis mit ihren komplexen Regeln im Osten und die eher personalisierte Praxis (Verzicht auf Genussmittel und „liebgewordene Konsumgewohnheiten"[19]) im Westen eher am Rande erwähnt. Der Leser erfährt von der unterschiedlichen Dauer des Fastens in Ost und West und lernt, was Katholiken am Aschermittwoch, am Palmsonntag und in Kreuzwegandachten sowie was orthodoxe Christen am Sonntag der Orthodoxie, am Lazarus-Samstag und in der Liturgie der vorgeweihten Gaben feiern. Es folgt eine schöne Darstellung der Heiligen und Großen Woche

---

[16] Ebd. (wie Anm. 14), 3.

[17] Ebd. (wie Anm. 14), 4.

[18] Ebd. (wie Anm. 14).

[19] Ebd. (wie Anm. 14).

bzw. Karwoche. Hier werden die Gemeinsamkeiten (wie bei der Feier des Palmsonntages oder des Gründonnerstages), aber auch das jeweilige Eigengut (Missa Chrismatis, Liturgie der Grablegung und Beweinung) wie schon zuvor anhand der liturgischen Texte verdeutlicht. Der Text nimmt hier in gelungener Verschränkung beider Traditionen den Leser intensiv in die Dynamik des Triduum Paschale hinein. Der umfangreich ausgeformte Text über zentralen Ereignisse und ihrer jeweiligen liturgischen Praxis in beiden Kirchen, ermöglicht dem Leser, die Schönheit der jeweiligen liturgischen Texte zu erkennen. Im Unterschied zum Sonntagstext bündeln kurze im Text hervorgehobene Abschnitte am Ende der jeweiligen Kapitel die zentralen verbindenden Festinhalte, auch diese Texte bieten dem Leser eine gute Orientierung.

Ähnliches lässt sich über die Darstellung der beiden österlichen Festzeiten und ihrer liturgischen Gestaltung sagen. Ebenso gelingt es hier oft in einer klaren, aber nicht bildarmen Sprache, die jeweiligen Schätze der liturgischen Traditionen nachzuvollziehen. So heißt es beispielsweise an einer Stelle: „Die orthodoxe Kirche deutet die sieben Wochen der Osterzeit nicht nur als verlängertes, die Ewigkeit vorwegnehmendes Pascha, sondern ebenso sehr als ein kontinuierliches, sich entfaltendes Pfingsten.“[20] In solchen oder ähnlichen Formulierungen bietet der Text weit mehr als eine reine Darstellung der zentralen Festinhalte, er wird zu einer geistlichen Einführung, die ganz bewusst die zentralen Glaubensinhalte ausformt, anstatt sich in unzählige Detailfragen zu verstricken. Auch wenn man sich bei manchem Fest den ein oder anderen Satz über die Besonderheiten, welche die Liturgie prägen, und die Frömmigkeitsformen, die sie rahmen, gewünscht hätte (zum Beispiel wird

---

[20] Ebd. (wie Anm. 14), 20.

die vor allem in der slawisch geprägten Orthodoxie bekannte Praxis auf dem Pfingstfest, den Boden der Kirche mit frischem Heu oder mit Blättern zu bestreuen, als Zeichen der lebensschaffenden Kraft des Heiligen Geistes an keiner Stelle erwähnt), gelingt es dem Text sehr gut, den Leser mitzunehmen. Die Weite und Ausgewogenheit dieses sehr gelungenen Textes zeigt überdies, dass der orthodox-katholische Text in seiner Zusammenfassung mit einem Zitat von D. Bonhoeffer auch eine evangelische Perspektive einbindet.

2.3 Weihnachten – die Feier der Menschwerdung Gottes in Jesus Christus

Weitere zwei Jahre später, im Jahr 2014, erschien als dritter Text der 36-seitige Text zum Weihnachtsfestkreis. Er schreibt inhaltlich und methodisch die Texte zum Sonntag und zum Osterfestkreis fort. Eingangs wird auch hier das Verbindende betont: „Bei aller Verschiedenheit der Gestaltungsformen bringen Ost und West die Freude über das Geheimnis/Mysterium der Menschwerdung Gottes zum Ausdruck, in der sie zutiefst verbunden sind.“[21] Schon aus der bewusst gewählten Schreibweise von Geheimnis/Mysterium wird deutlich, dass auch auf der sprachlichen Ebene noch einmal eine größere Sensibilität für die jeweils eigenen Sprechweisen in beiden Traditionen gewachsen ist und überdies im Zueinander Unterschiedlichkeit sichtbar gemacht werden kann. Schon die Einleitung zeigt, dass der Text darüber hinaus an verschiedenen Stellen versucht,

[21] Sekretariat der Deutschen Bischofskonferenz/Generalsekretariat der Orthodoxen Bischofskonferenz in Deutschland (Hg.), Das Kirchenjahr in der Tradition des Ostens und des Westens III. Weihnachten – die Feier der Menschwerdung Gottes in Jesus Christus, Bonn, Dortmund 2014, 1.

die Lebenswirklichkeiten der Gläubigen in Deutschland noch einmal genauer zu analysieren, wenn auf die besondere vorweihnachtliche Stimmung, aber auch die Gefahr der Vereinnahmung des Festes durch eine Überkommerzialisierung verwiesen wird. Im weiteren Verlauf des Textes wird stärker als in den beiden vorherigen Texten auf Formen der Frömmigkeit in beiden Traditionen eingegangen.

Der Text, der wie der Ostertext die Vorbereitungszeit, die Feier des zentralen Festes selbst und die weihnachtliche Festzeit behandelt, versucht noch einmal, auch anhand der Struktur der einzelnen Kapitel Verbindendes und Unterscheidendes zu verdeutlichen: Jedes Kapitel beginnt mit einer Darstellung des Gemeinsamen, bevor dann die einzelnen Traditionen gewürdigt werden, und schließt mit einer knappen Zusammenfassung. Der Text nimmt sich in den einzelnen Abschnitten sehr genau und sorgfältig aus, manchmal dominieren eher fachliche Debatten – zum Beispiel über die Geschichte der einzelnen Feste. Außerdem spürt man, dass sich beide Traditionen an Weihnachten deutlich seltener begegnen als an den Ostertagen. Den meisten westlichen Lesern dürfte – über den scheinbar unterschiedlichen Weihnachtstermin in der Orthodoxie (die ja auch nur für einen Teil der Orthodoxie gilt) hinaus – kaum etwas über die orthodoxen Feiern dieses Festes bekannt sein, während es den ein oder anderen gibt, der schon einmal einen orthodoxen Auferstehungsgottesdienst besucht hat. So steht der Text vor der nicht einfachen Aufgabe, hier Brücken zu bauen. Dieses Unterfangen wird mutig angegangen. Vor allem die kraftvollen Hymnen schaffen hier ein Gespür für den Reichtum beider Traditionen.

Das wird auch beim letzten im Weihnachtstext beleuchteten Fest deutlich: bei der „Feier der Erscheinung des Herrn“. Hier gelingt es ganz anschaulich, die scheinbar sehr unter-

schiedlichen Prägungen theologisch sauber und gleichzeitig leicht zugänglich zu den gemeinsamen Wurzeln hin zu erschließen und den Reichtum der Zeichen sichtbar zu machen. Dabei kommt sogar die sich mancherorts mehr und mehr etablierende Praxis einer ökumenischen Gewässerweihe zur Sprache. Ein schönes Zeichen, wie – auch ganz praktisch aus der Kenntnis der jeweils anderen Tradition – Zeichen der Einheit erwachsen können.
Der Text schließt mit einem kurzen Kapitel zur theologischen Bedeutung der Menschwerdung Gottes in Jesus Christus und mit Überlegungen zur prägenden Kraft von Weihnachten in der heutigen Gesellschaft und folgert: „Das gemeinsame Zeugnis für die Hoffnung spendende Botschaft, dass Gott in Jesus Christus Mensch geworden ist, um uns den Weg zum ewigen Leben zu eröffnen, verbindet die Kirchen in Ost und West (…). Dieses Zeugnis schulden die christlichen Kirchen in ökumenischer Verbundenheit ihrem eigenen Bekenntnis, aber – als Zeugnis des Glaubens – auch der säkularen Gesellschaft.“[22]

2.4 Christus feiern mit der Gottesmutter und allen Heiligen

Im Jahr 2017 erschien der vierte und abschließende Text in der von der Gemeinsamen Kommission veröffentlichten Reihe „Das Kirchenjahr in der Tradition des Ostens und des Westens“, der sich mit den Gottesmutter-, Heiligen- und Ideenfesten befasst. Es greift mit der Verehrung der Gottesmutter und der Heiligen einen Bereich auf, der beide Kirchen tief verbindet. Gerade weil diese Feste, wie u. a. das Vorwort der beiden Vorsitzenden betont, die Gläubigen auch emotional ansprechen und ihnen eine Beheimatung in ihren Kirchen

[22] Ebd. (wie Anm. 22), 28.

schenken, liegt hier eine große Chance auf gegenseitiges Verständnis beider Traditionen.[23]

Der Text beginnt mit einer kurzen theologischen Einführung, welche die Zuordnung von Herrenfesten, Marienfesten und Heiligenfesten darlegt und folgert: „Gemeinsam ist all diesen Festen, dass sie die Offenbarung Gottes in Jesus Christus feiern. Sie sind eng mit dem Heilsgeschehen in Christus verbunden, denn dieses ist ihr Fundament. [...] Zugleich feiern sie, dass die Zeit der Vollendung in der Gegenwart des auferstandenen Christus bereits angebrochen ist. Christus zu feiern, mit der Gottesmutter und mit allen Heiligen, das ist daher der tiefste Sinn aller Feste, die im Folgenden erläutert werden."[24]

Es verwundert nicht, dass dieser Text mit 60 Seiten den bei Weitem umfangreichsten Blick bietet, ist doch das Feld hochkomplex und disparat. Trotzdem dürfte auch dieser Text viele Gläubige überraschen, weil er überzeugend zeigen kann, wie bis in bestimmte Heiligenfeste hinein beide Traditionen trotz einer nun bald 1000 Jahre andauernden Spaltung in vielen Punkten eng verbunden blieben. Natürlich werden auch hier die Charakteristika beider Kirchen deutlich – zum Beispiel die besondere eucharistische Frömmigkeit der katholischen Kirche, die sich etwa im Fest Fronleichnam zeigt, oder die Bedeutung der Ikonen für die Orthodoxie, die sich in eigenen Ikonenfesten auch im liturgischen Kalender niederschlägt.

Der Text beginnt mit den Herrenfesten im Kirchenjahr und greift dabei die Feste „Darstellung, Verkündigung und Ver-

---

23 Sekretariat der Deutschen Bischofskonferenz/Generalsekretariat der Orthodoxen Bischofskonferenz in Deutschland (Hg.), Das Kirchenjahr in der Tradition des Ostens und des Westens IV. Christus feiern mit der Gottesmutter und allen Heiligen, Bonn, Dortmund 2017, 1.

24 Ebd. (wie Anm. 24), 3.

klärung des Herrn“ auf, um dann zu den Gottesmutterfesten überzuleiten. Dieser marianische Teil wird wiederum knapp theologisch eingeleitet und verweist nach einer Darstellung der besonderen Rolle Marias im Heilswerk auf die daraus resultierende Verehrung. Er betont aber auch: „Die Verehrung der Gottesmutter Maria kann nie vom Heilswerk Christi getrennt werden, sondern muss auf das Christusbekenntnis hin transparent sein und im Letzten Christus selbst gelten.“[25] In der schrittweisen Analyse der unterschiedlichen Marienfeste des Kirchenjahres kommen erstaunliche Parallelen und gegenseitige Bereicherungen zutage. So zeigt das Kapitel zum orthodoxen Fest „Einführung der Gottesmutter in den Tempel“, dass dieses Fest im Hochmittelalter unter dem leicht missverständlichen Namen „Maria Opferung“ auch in den westlichen liturgischen Kalender einging, in der Liturgiereform des II. Vatikanischen Konzils in „Gedenktag Unserer Lieben Frau in Jerusalem“ umbenannt wurde und letztlich indirekt hinter der Einführung des evangelischen Buß- und Bettages stand.[26] Der Text erschließt die theologische Akzentsetzungen, die sich auch im liturgischen Kalender niederschlagen: So heißt das am 15. August gefeierte Marienfest in der Orthodoxie „Entschlafen der Gottesmutter“, während es in der katholischen Kirche den Namen „Mariä Aufnahme in den Himmel“ trägt und damit indirekt auf das Dogma der leiblichen Aufnahme Marias in den Himmel von 1950 verweist. Neben solchen Festen mit einer gemeinsamen Wurzel zeigen gerade die Gottesmutterfeste auf, dass beide Traditionen in den Zeiten ihrer Trennung auch eigenständige Wege gegangen sind. So findet sich – aus kirchengeschichtlich leicht nachvollziehbaren

[25] Ebd. (wie Anm. 24), 14.
[26] Ebd. (wie Anm. 24), 16.

Gründen – am 8. Dezember nur im katholischen Kalender das „Hochfest der ohne Erbsünde empfangenen Jungfrau und Gottesmutter Maria", während sich am 9. Dezember nur im orthodoxen liturgischen Kalender das „Fest der Empfängnis der Heiligen Anna", der Mutter der Gottesgebärerin, findet.[27] Im Unterschied zu seinen drei Vorgängertexten sind dem Text an vielen Stellen auch Bilder beigefügt, die viele Zugänge ermöglichen. Ein schönes Beispiel dafür ist das aus einem marianischen Hymnus hervorgegangene Fest „Lebensempfangende/-spendende Quelle", das eigentlich auf eine bestimmte hochverehrte Ikone zurückgeht und ohne eine Abbildung nur schwer zu erschließen wäre.[28]

Es folgt ein Teil zu dem, was die westliche Tradition „Ideenfeste" genannt hat, es handelt sich also um Feste, die aus einem bestimmten Aspekt des göttlichen Heilshandeln, einer theologischen Wahrheit oder aus einer geprägten Frömmigkeit entstanden sind. Dazu zählen gemeinsame Feste wie das „Fest der Kreuzerhöhung" oder das „Dreifaltigkeitsfest/Fest des dreieinigen Gottes", aber auch eigene Traditionen wie das Fronleichnamsfest oder der Christkönigssonntag im Westen oder der Sonntag der Orthodoxie und die Ikonenfeste im Osten. Manche Erläuterung mag von außen sehr speziell wirken, aber wer sich beispielsweise anhand des Fronleichnamsfestes verdeutlicht, welch prägende Kraft auch diese Feste gerade hinsichtlich der Volksfrömmigkeit haben, wird verstehen, dass der Text hier wichtige Brücken baut.

Leichter zugänglich ist wohl der abschließende Teil zu den Heiligenfesten, die ebenfalls theologisch eingeführt werden, um dann exemplarisch einige zentrale Feste heraus-

---

27 Ebd. (wie Anm. 24), 21f. und 24.

28 Ebd. (wie Anm. 24), 25.

zugreifen. Dies sind die verschiedenen Feste des Johannes des Täufers, das Fest Allerheiligen sowie speziell geprägte Eigentraditionen in beiden Traditionen. Im Anhang führt eine Liste ausgewählter gemeinsamer Heiliger und gemeinsamer Heiligenfeste vor Augen, wie tief miteinander verbunden hier beide Traditionen ihren Glauben leben. So kann der Text zusammenfassen: „Das Zusammenleben katholischer und orthodoxer Christen in unserem Land trägt auch durch die gemeinsame Sicht auf die Verehrung der Heiligen zu einer Annäherung unserer Kirchen bei.“[29]

Mit dem vierten Text schließt sich der Kreis des Kirchenjahres. Bereits bei der Vorstellung des Textes „Christus feiern mit der Gottesmutter und allen Heiligen“ haben die beiden Vorsitzenden angekündigt, dass in naher Zukunft die vier Einzeltexte als Gesamtausgabe zusammengefasst werden sollen und so in einem Band tatsächlich ein guter Überblick über das „Kirchenjahr in Ost und West“ möglich sein wird.

2.5 Welche Ergebnisse dieses regionalen katholisch-orthodoxen Dialoges lassen sich für andere Dialoge nutzen?

Die Texte der Gemeinsame Kommission der Deutschen Bischofskonferenz und der Orthodoxen Bischofskonferenz in Deutschland stellen keinen im strengen Sinne des Wortes klassischen theologischen Dialog dar. Inhaltlich geht es nicht um theologisch kontroverse Topoi, wie etwa um die Frage des universalen Einheitsdienstes oder des Filioque. Auch methodisch wird nicht erkennbar, dass die Texte versuchen, im Bereich der Liturgie Konsense zu formulieren. Auch wenn an verschiedenen Stellen Gemeinsames und Unterscheidendes benannt

[29] Ebd. (wie Anm. 24), 50.

wird, so geschieht dies mit einem anderen Ziel, als dies bei klassischen theologischen Dialogdokumenten der Fall ist. Die Texte ziehen eine nüchterne Bilanz der liturgischen Traditionen in beiden Kirchen mit dem Ziel, das gemeinsame Fundament immer wieder sichtbar zu machen und Zugänge zu bieten. Gerade die große Gelassenheit eines „So ist die gelebte liturgische Wirklichkeit" macht – neben dem Thema – wohl auch die Kraft dieser Texte aus. Allein der Versuch einer gemeinsamen wertschätzenden Beschreibung der jeweils anderen Tradition zeugt von einem sehr realistischen ökumenischen Weg. Auf eine gewisse Weise vermitteln die Texte so eine Grundhaltung der „Versöhnten Verschiedenheit", was gerade beim Themenfeld Liturgie für beide Traditionen nicht selbstverständlich ist. Vielleicht kann diese Methode der scheinbar einfachen, gemeinsamen und wertschätzenden Deskription auch auf anderen Feldern Früchte tragen.

Über die Methode hinaus hat aber zweifellos der Gegenstand der Darstellungen, die gelebte liturgische Praxis, auch für andere Dialoge viel Potential. Gerade wenn man bedenkt, welch enorme Bedeutung die Liturgie als Ausdruck ihres Glaubens für beide Kirchen besitzt, ist es fast erstaunlich, wie wenig auf diese Wirklichkeit in den ökumenischen Dokumenten bisher rekurriert wurde. Hierin liegt – und das war im Prozess der Erarbeitung in der Kommission immer wieder spürbar – noch ein großes Potential, das einerseits den Reichtum und die Eigenständigkeit beider Traditionen begreifbar machen kann, andererseits die tiefe Verbundenheit aufzeigt. Es ist eben, gerade wegen der Bedeutung der Liturgie für beide Kirchen, nicht irrelevant, dass sie sich im Kirchenjahr des Gegenübers mit ihren eigenen Traditionen wiederfinden können. Dass Herren-, Gottesmutter- und Heiligenfeste viel stärker die Verbundenheit als die Unterschiede aufzeigen.

Und ein Drittes, das sich aus den Texten der gemeinsamen Kommission für andere Dialoge lernen lässt, ist die Orientierung an einer breiten Zielgruppe, die über Fachtheologen und Kirchenleitungen hinausgeht. Auch wenn die Texte selbst an manchen Stellen ein wenig hinter ihrem eigenen Anspruch zurückbleiben, auch für einfache Gläubige verständlich zu formulieren, so ist allein der Versuch, dem gerecht zu werden, sehr positiv zu bewerten. Denn damit wird eines der zentralen Probleme aller ökumenischen Dialoge bearbeitet: die mangelnde Rezeption der Dialogergebnisse. Indem die Texte ein für Gläubige konkret erfahrbares Thema aufgreifen und dazu gut lesbare Zugänge schaffen, können sie vielleicht mehr für ein wachsendes Bewusstsein der Einheit leisten, als dies andere Texte tun (können). Auch daraus lässt sich für andere regionale Dialoge viel lernen.

Somit lässt sich zusammenfassen, dass es den vier Texten aus der Reihe „Das Kirchenjahr in Ost und West“ an den allermeisten Stellen sehr gut gelingt, ein für beide Kirchen wichtiges Thema so aufzugreifen und zu bearbeiten, dass es den ökumenischen Gedanken auch über die klassisch-ökumenischen Kreise hinaus zugänglich macht. Damit leistet dieser regionale Dialog ganz eigenständig einen wichtigen Beitrag für die Überwindung von Trennungen und Vorurteilen zwischen beiden Kirchen.

Anhang

Leitfaden für einen gelingenden ökumenischen Dialog

PRO ORIENTE-Kommission Junger Orthodoxer und Katholischer Theologinnen und Theologen

Wir sind der festen Überzeugung, dass die sichtbare Einheit der Kirche gottgewollt ist (vgl. Joh 17). Die Verantwortung für die immer noch andauernde Trennung der Kirchen liegt im sündhaften Versagen der Menschen. Was die Kirchen trennt, wird von den Kirchen selbst entschieden. Anders ausgedrückt: Die Kirchen sind den Trennungen nicht ohnmächtig ausgeliefert und zum Handeln aufgefordert. Für das Gelingen des ökumenischen Dialogs kann dieser Leitfaden eine Orientierung bieten:

1. Das persönliche ernstgenommene Engagement, der gute Wille, die Bereitschaft zuzuhören, Einfühlungsvermögen, Sachkompetenz, eine ehrliche Wertschätzung dem anderen gegenüber und ein zielorientierter Kommunikationsstil sind Basis und Ausgangspunkt jedes Dialogs.
2. Einzelne Personen und zwischenmenschliche Kontakte prägen jeden ökumenischen Prozess, weshalb zwischenmenschliche Begegnung und Freundschaft in den Dialogen nicht hoch genug bewertet werden können und viel Raum brauchen.
3. Ehrlichkeit, Redlichkeit und Verlässlichkeit sind dialogische Mindeststandards, die unbedingt eingehalten werden müssen.
4. Sprache ist ein Instrument des Brückenbaus. Daher sind stilistische Klarheit und eine einfache Ausdrucksweise für den

Dialog unverzichtbar, sie sollten sich auch in den Dialogtexten widerspiegeln. Neue Wege sind zu suchen, damit eine verbindende theologische Sprache entsteht, die dabei hilft, historische Belastungen und Polemiken zu überwinden, und auf konfessionelle Verengungen verzichtet, um Texte für alle Beteiligten lesbar und annehmbar zu machen.

5. Auch Zeichen sind eine Sprache des Dialogs. Der Mut, Zeichen zu setzen, ist für jede Generation unerlässlich. Zeichen und symbolische Gesten finden oft eine größere Beachtung als Texte. Bevor man ökumenische Zeichen setzt, sollte man wissen, was die Zeichen überhaupt für jede Seite bedeuten bzw. nicht bedeuten, damit nicht eigentlich gut gemeinte Gesten zu einem ungewollten Affront gegen die andere Seite führen. Ökumenische Zeichen sollten entsprechend ausgelegt und in der Erinnerung wachgehalten werden, um ihre Relevanz für die Einheit der Christen aufzuzeigen.
6. Beim Verfassen von Dialogtexten sollte die gesellschaftspolitische Relevanz der ökumenischen Themen berücksichtigt bzw. dargelegt werden, um auch die Menschen außerhalb des binnenkirchlichen Raums dafür zu sensibilisieren.
7. Viele inoffizielle Dialoge sind regional begrenzt, haben aber eine überregionale Bedeutung. Damit ihre Existenz und ihre Ergebnisse auch in anderen Regionen beachtet werden können, ist es notwendig, sie, wie die offiziell geführten Dialoge, in möglichst viele Sprachen zu übersetzen und über die Medien einer breiteren Öffentlichkeit zu vermitteln.
8. Da jede/r Getaufte für die Einheit der Christen in der Kirche Verantwortung trägt, darf die Rezeption nicht auf ökumenische Exklusivzirkel beschränkt bleiben, sondern soll auf allen Ebenen des kirchlichen Lebens erfolgen.
9. Die Dialogpartner/-innen müssen reflektieren und anerkennen, dass bei bestimmten Punkten in ihren Kirchen noch

Gesprächsbedarf besteht und interne Verständigung erforderlich ist.

10. Um die Zukunft der Ökumene auf ein tragfähiges Fundament zu stellen, ist eine intensive Beschäftigung mit den Ergebnissen des ökumenischen Dialogs auch und gerade im Theologiestudium unverzichtbar. Eine Sensibilisierung für das Thema „Ökumene“ sollte überdies in anderen Geistes- und den Sozialwissenschaften angestrebt werden.
11. Für die Zukunft und Sicherung des Dialogs ist es immer auch notwendig, die junge Generation von Nachwuchswissenschaftler/-inne/n auf allen Ebenen einzubeziehen.
12. Jeder Dialog wird von einer Gruppendynamik und der gewählten Methodik, aber auch von nichttheologischen Faktoren beeinflusst. Er erfordert darum stets eine Reflexion der gewählten Methoden. Deswegen können ergebnisoffene Methoden einen Dialogprozess manchmal mehr voranbringen als eine reine Fixierung auf abschließende Texte. Für die methodische Reflexion kann es auch hilfreich sein, Experten/-innen aus anderen wissenschaftlichen Disziplinen zu konsultieren.
13. Um Dialoge zu initiieren und aufrechtzuerhalten, bedarf es finanzieller Ressourcen, damit niemand aufgrund mangelnder materieller Mittel ausgeschlossen bleibt. Die Akteure des Dialogs sind darauf angewiesen, dass immer wieder neue finanzielle Ressourcen von Förderern für Dialogprozesse bereitgestellt werden. Der möglichen Gefahr fremdbestimmter Einflussnahme wegen finanzieller Abhängigkeiten muss man sich bewusst sein, damit die Freiheit im Dialog gewahrt wird.
14. Antiökumenische Stimmen und fundamentalistische Strömungen versuchen, Druck auf den ökumenischen Dialog auszuüben. Damit können Dialogpartner/-innen verunsichert werden, des Weiteren zu falscher Rücksichtnahme ver-

leitet werden oder dazu, die Offenheit im Dialog nicht mit hinein in die eigenen Kirchen zu nehmen. Dies ist zu überwinden, indem fundamentalistische Tendenzen selbst Thema des Dialogs werden.

15. Die verschiedenen Lebensumstände der Menschen, die gelebte Ökumene vor Ort und der Glaubenssinn der Gläubigen sind als wichtige theologische Erkenntnisquellen im Dialog wahr- und ernst zu nehmen.

Wien, 7. Oktober 2018

Spiritueller Impuls zur Zukunft der Ökumene

Serbisch-Orthodoxe Kirche Wien, 6. Oktober 2017[1]

Michaela C. Hastetter

Der Aufbruch der Ökumenischen Bewegung im 20. Jahrhundert hatte ein großes Ziel: die Trennung zwischen den Kirchen und kirchlichen Gemeinschaften zu überwinden und die Einheit der Christen zu fördern, auf dass sie eins seien in der einen großen Kelch- und Eucharistiegemeinschaft. Das Testament Jesu ist bis hinein in die heutige Stunde dieses Abends aktuell: eins zu sein, wie Vater und Sohn eins sind im Heiligen Geist. Insofern ist die Einheit immer etwas Geistgegebenes, Geistgeschenktes, das je neu zu erbitten ist. Umgekehrt ließe sich sagen, dass jeglicher Trennung zwischen den Christen ein Geist-Defizit innewohnt, eine Geist-Losigkeit, eine Trägheit gegenüber dem Heiligen Geist und seiner Inspiration, ein Sich-Abschotten von dem göttlichen Pneuma. Durch diese Abschottung wurden im ersten Jahrtausend Mauern und Trennwände zwischen der östlichen und der westlichen Christenheit errichtet. Unter ihnen leiden wir bis heute, auch wenn wir sie längst (seit 1965) der Tilgung aus unserem Gedächtnis anheimgestellt haben.

Betrachtet man das aktuelle Weltgeschehen, wird man eine ähnliche Tendenz feststellen, nämlich dass zwischen Völkern und Nationen neue Trennwände und Mauern errichtet werden. Grenzen werden mit Stacheldraht verstärkt und gesi-

[1] Dieser spirituelle Impuls wurde anlässlich der 6. Sitzung der PRO ORIENTE-Kommission Junger Orthodoxer und Katholischer Theologinnen und Theologen bei einer ökumenischen Begegnung nach der Vesper mit Bischof Andrej Cilerdzic in der serbisch-orthodoxen Kirche in Wien gegeben.

chert, wodurch ein Durchkommen fast unmöglich scheint. Der einstmalige dynamische und fruchtbare Austausch, wofür symbolhaft das geschichtliche Bild der Seidenstraße stehen mag, wird mehr und mehr unterbunden, abgebrochen, ausgesetzt.

Während sich Nationen aus Angst vor der Zukunft verschließen, liegt die Zukunft der Ökumene in einer Beseitigung von Trennwänden und Mauern. Mit einem alten Bild ließe sich das so ausdrücken: Die Zukunft der Ökumene zwischen unseren beiden Kirchen hängt an der Wiederaufnahme einer Seidenstraße der Liebe, die jene alte Trenn- und Scheidewand abreißt, die immer noch quer durch die Herzen, Mentalitäten, Denkkategorien und kulturellen Prägungen zwischen dem christlichen Orient und Okzident verläuft.

Um auf diesem Weg der pneumatischen Seidenstraße zwischen dem christlichen Westen und Osten weiterzukommen, kann uns die Auslegung eines Wortes aus dem Epheserbrief helfen: „Er – Christus – vereinigte die beiden Teile und riss durch sein Sterben die trennende Wand der Feindschaft nieder“ (Eph 2,14), die wir beim Hl. Johannes Chrysostomos finden. Mit der Trennwand zwischen den beiden Teilen ist rein wörtlich zunächst die Trennwand zwischen Heiden und Juden gemeint. Johannes Chrysostomos weiß als ureigener Vertreter der antiochenischen Schule wie kein anderer um den wörtlichen Sinn des Wortes. Doch sogar bei ihm, dem Bewahrer des Literalsinns, gibt es eine Deutungslinie, die eine ökumenische Öffnung der Textstelle zulässt. Er schreibt in seiner Auslegung dieses Verses im Rekurs auf den Propheten Jesaja: „Einige behaupten: Das Gesetz [sc. hier wörtlich bezogen auf Heiden und Juden] ist die Scheidewand. […] Ich bin nicht dieser Ansicht. Paulus bezeichnet vielmehr ‚Feindschaft im Fleische‘ als Scheidewand, weil sie als gemeinsame Zwischenwand uns von Gott trennte, nach dem Worte des Propheten: ‚Scheiden nicht eure Missetaten zwischen euch und mir' [Jes 59,2]."[2] Und etwas später konkretisiert Johannes Chrysostomos diese Missetaten, die so feindlich zwischen den beiden stehen, und bezieht sie gleichsam auf den gegenwärtigen Moment: Das ist „unsere große Bosheit. Denn solange wir am Leibe Christi bleiben, solange wir mit ihm vereinigt sind, steht sie nicht auf, sondern liegt tot; besser gesagt, sie steht niemals auf. Wenn wir also eine neue Feindschaft entstehen lassen, so rührt sie nicht von ihm her, welcher die alte weggenommen und vernichtet hat, sondern du bist es, der die neue erzeugt."[3]

Zu Marco Polos Zeiten wurde auf der Seidenstraße Wolle, Seide, Gold und Silber transportiert und gehandelt. Ökumenisch auf der Seidenstraße unterwegs zu sein, hieße, Handel mit den Früchten des Geistes treiben, Beziehungen der Liebe, des Friedens, der Freude, der Langmut, der Güte, der Freundlichkeit, der Selbstbeherrschung in Treue und Geduld aufzubauen (vgl. Gal 5,22–23). Auf die Zukunft der Ökumene übertragen, hieße dies im Bild weitergeführt, auf der Seidenstraße der Liebe von Rom nach Konstantinopel über Wien und Belgrad bis hin nach Georgien und Armenien zu gehen und umgekehrt von Erevan über Tiflis, Kutaisi, Konstantinopel, Bukarest, Belgrad, Wien hinauf nach Moskau und hinunter nach Rom ohne Bosheit, ohne Neid und Habsucht, ohne Zwist, Eifersüchteleien, Eitelkeit, Gezänk und neue Zerwürfnisse zu wandern.

Die Zukunft der Ökumene liegt auf einer neuen Seidenstraße der Liebe.

---

2 Johannes Chrysostomos: in Eph V,2 [zu Eph 2,15]; Deutsch nach: Des Heiligen Kirchenlehrers Johannes Chrysostomos Kommentar zu den Briefen des Hl. Paulus an die Galater und Epheser (BKV II/8), München 1936, 217.

3 Johannes Chrysostomos: in Eph V,3 [zu Eph 2,16] (wie Anm. 2).

Die Autor(inn)en

Dr. Stefanos Athanasiou
Gründungsmitglied der PRO ORIENTE-Kommission Junger Orthodoxer und Katholischer TheologInnen, Assistent an der Theologischen Fakultät der Universität Bern

Dr. Regina Augustin
Gründungsmitglied der PRO ORIENTE-Kommission Junger Orthodoxer und Katholischer TheologInnen, Leiterin des Generalsekretariates von PRO ORIENTE bis 30. August 2018, Nationalkoordinatorin des Ökumenischen Forums Christlicher Frauen in Europa, Generalsekretärin der Katholischen Frauenbewegung Österreich

Dr. Sergii Bortnyk
Mitglied und Moderator der PRO ORIENTE-Kommission Junger Orthodoxer und Katholischer TheologInnen, Professor der Kiewer Theologischen Akademie der Ukrainisch Orthodoxen Kirche, Mitarbeiter des Außenamtes der Ukrainisch Orthodoxen Kirche, seit 2012 Mitglied der „Societas Oecumenica"

Apl. Prof. Dr. habil. Michaela C. Hastetter
Gründungsmitglied und Co-Moderatorin der PRO ORIENTE-Kommission Junger Orthodoxer und Katholischer TheologInnen, Dozentin für Pastoraltheologie am Internationalen Theologischen Institut, Trumau, Gastprofessorin an der Philosophisch-Theologischen Hochschule Benedikt XVI., Heiligenkreuz, Privatdozentin an der Albert-Ludwigs-Universität,

Freiburg i. Br., Mitglied der Ökumenischen Arbeitsgemeinschaft für Theologie und Spiritualität (AGTS), Mitglied des PosT-Netzwerks der mittel- und osteuropäischen Pastoraltheologinnen und Pastoraltheologen, Sprecherin (von 2008 bis 2017) und Mitglied des ökumenisch ausgerichteten Neuen Schülerkreises Joseph Ratzinger/Papst Benedikt XVI. (seit 2017 e.V.), Mitbegründerin der orthodox-katholischen Initiative „Wiener Studienhaus Johannes von Damaskus"

Prof. Dr. Rade Kisić
Gründungsmitglied der PRO ORIENTE-Kommission Junger Orthodoxer und Katholischer TheologInnen, Professor für Ökumenische Theologie an der Orthodoxen Theologischen Fakultät der Universität in Belgrad, Gastprofessor an der Katholisch-Theologischen Fakultät der Universität Zagreb, Mitglied der Gemeinsamen Lutherisch-Orthodoxen Kommission

Dr. Givi Lomidze
Mitglied der PRO ORIENTE-Kommission Junger Orthodoxer und Katholischer TheologInnen, Lehrbeauftragter für Alte Kirchengeschichte am Internationalen Theologischen Institut, Trumau, und Habilitand an der Universität Wien, Mitglied der ökumenischen Aktionsgemeinschaft Kyrillos und Methodios e.V., Mitbegründer der orthodox-katholischen Initiative „Wiener Studienhaus Johannes von Damaskus"

Dr. Julia Lis
Mitglied der PRO ORIENTE-Kommission Junger Orthodoxer und Katholischer TheologInnen von 2014 bis 2016, Geschäftsführerin am Institut für Theologie und Politik in Münster

Ass.-Prof. Dr. Ioan Moga
Gründungsmitglied der PRO ORIENTE Kommission Junger Orthodoxer und Katholischer TheologInnen, Assistenzprofes-

sor für Orthodoxe Theologie an der Katholisch-Theologischen Fakultät der Universität Wien

Dr. Florian Schuppe
Gründungsmitglied der PRO ORIENTE-Kommission Junger Orthodoxer und Katholischer TheologInnen, Leiter des Fachbereiches Ökumene im Erzbistum München und Freising

Dr. Maria Wernsmann
Gründungsmitglied der PRO ORIENTE-Kommission Junger Orthodoxer und Katholischer TheologInnen, ehem. wissenschaftliche Mitarbeiterin am Ökumenischen Institut (Abt. II: Ökumenik, Ostkirchenkunde und Friedensforschung) der Katholisch-Theologischen Fakultät Münster, Mitglied der Europäischen Gesellschaft für Ökumenische Forschung „Societas Oecumenica" (von 2010 bis 2012 im Standing Committee), wissenschaftliche Mitarbeiterin im Dekanat (Studienbüro) der Katholisch-Theologischen Fakultät der Universität Münster.